U0460300

一本书让孩子爱上学习

慧海/著

民主与建设出版社

·北京·

© 民主与建设出版社，2020

图书在版编目（CIP）数据

一本书让孩子爱上学习 / 慧海著. —— 北京：民主
与建设出版社, 2020.12

ISBN 978-7-5139-3319-3

Ⅰ.①—… Ⅱ.①慧… Ⅲ.①学习方法－家庭教育
Ⅳ.①G791②G78

中国版本图书馆 CIP 数据核字（2020）第 234292 号

一本书让孩子爱上学习
YIBENSHU RANG HAIZI AISHANG XUEXI

著　　者	慧　海
责任编辑	周佩芳
封面设计	尚世视觉
出版发行	民主与建设出版社有限责任公司
电　　话	（010）59417747　59419778
社　　址	北京市海淀区西三环中路10号望海楼E座7层
邮　　编	100142
印　　刷	三河市长城印刷有限公司
版　　次	2021年1月第1版
印　　次	2021年1月第1次印刷
开　　本	710mm×1000mm　1/16
印　　张	13.5
字　　数	220千字
书　　号	ISBN 978-7-5139-3319-3
定　　价	48.00元

注：如有印、装质量问题，请与出版社联系。

前言

没有厌学的孩子，只有不懂教育的父母

不论是小学生、初中生，还是高中生，甚至是大学生，对于他们来说，什么是学习，什么是游戏，二者其实并没有明确的界限。我们经常说要让孩子在玩中学、在学中玩，就是缘于这个道理。别说孩子厌学，孩子对于学习并不会天生抵触，之所以会厌学，只是因为父母不懂教育。

正所谓"没有不好的孩子，只有不好的父母"，追究厌学的根源，会发现大都来自父母或其他亲人的错误教育行为。

首先，父母的日常行为会对孩子的学习态度产生最直接的影响。父母如果天天读书学习，那么孩子就会把读书学习当成一种自然的生活状态；父母如果天天不读书不学习，或者孩子学习的时候，父母却在看手机、打牌、玩麻将、上网聊天，那么孩子就会觉得学习并不是一种自然的生活状态，而是父母在逼自己学习。

其次，父母的鼓励或指责将直接影响孩子的学习态度。没有一个孩子天生就能够写好所有的汉字，也没有一个孩子不需要反复练习就能够准确计算加减乘除。有的父母性情急躁，没有耐心，看到初学写字的孩子写得不规矩或者有错字，就大声呵斥，这样就会打击孩子的学习积极性，长此以往，孩子难免会对学习产生抵触情绪。相反，如果父母对孩子的点滴进步都予以真诚而热情的鼓励，那么孩子就会从学习中逐渐寻找到成就感和愉悦感，也就不会厌学了。

最后，父母的错误言行会对孩子的学习产生负面影响。在现实生活中有些父母喜欢攀比，经常说"你看××家的××，人家的××学得那么好，你是怎么学的？""为什么别人能考好，你就总是考不好？"这些攀比的话堆积起来，就会在孩子心中形成一座大山，让孩子倍感压力，进而对学习产生抵触情绪。还有的父母经常因为孩子学习成绩差而打骂孩子，这就更容易引起孩子对学习的厌恶。要知道，人都有趋乐避苦的本性，孩子也一样，在没有找到好的学习方法的情况下，学习本就如同一场苦役，如果再因为父母的打骂，泯灭了这些孩子对学习的好奇心和探索知识的欲望，那真的就是一种令人婉惜的结果了。

现实生活中，我们会发现：有的孩子想学习，但父母不会教他，或者孩子想学习，但家里没有良好的学习环境；还有的因为家庭教育理念偏差导致孩子认为学习无用；等等。所以孩子厌学，反映出的大都是父母的问题。事实上，没有厌学的孩子，只有不懂教育的父母。

本书从教育理念和教育方法入手，通过细致深入的分析和探讨，给出让孩子爱上学习的实用方法。不论孩子是处在小学阶段、初中阶段，还是高中阶段，甚至是大学阶段，这些方法都值得孩子父母认真阅读，以便从中受到启发。

目 录

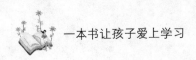

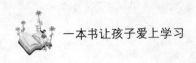

第一章
我们为什么要学习
——与孩子一起探讨学习的意义

1."好好学习"的教育为何总失效

从孩子上学的第一天开始，每家的父母都会对孩子说"只要你好好学习"。可事实上，说了成千上万遍的"只要你好好学习"，最终的结果是被孩子置若罔闻。为什么"只要你好好学习"的教育总会失效？其实，失败的原因在于家庭的错误教育。"只要你好好学习"并不是说父母要把生活中的困难藏起来，不让孩子看到；也不是要把轻松的生活故意装扮得很残酷，让孩子感受挫折。正确的教育结果是让孩子直面正常的人生，只有这样，他才能真正成为那个独一无二的他，才能真正明白父母为什么只要他好好学习。

"只要你好好学习"的教育的另一个极端则是疯狂提倡挫折教育。当下，很多教育机构都在疯狂倡导要对孩子进行挫折教育，仿佛当下中国的孩子，都是蜜罐里长大的，没经受过挫折一样。新闻里，报道着这样那样的虎爸虎妈，为了让孩子学会独立、坚强、自立而去刻意地制造挫折。

事实上，在国外也有挫折教育，但绝不是这种简单的故作挫折，比如，美国对孩子的挫折教育，就不是日本式的让孩子在雪地里跑步，而是让孩子去野营，去接触大自然，学习如何在野外生存以及生活的技能……

时下，人们的生活水平提高了，我们其实没有必要刻意要求孩子体验我们的父辈们小时候吃过的苦，也没有必要故意让孩子吃苦，因为不同的时代有不同的生活要求，不同的生活水平下有不同性质的挫折。我们要让孩子适应的是当下这个时代，而不是当年那个吃不饱穿不暖、出门没有代步工具的时代。在这个时代，单纯的唠叨"只要你好好学习"，已经没有太多价值，而且也不能让孩子体会到学习的真正价值。

强迫孩子去体验现实生活中几乎很难体验到的挫折，从而认识到好好学习的必要性，从心理学的角度讲，这属于行为脱节。孩子不仅很难体会到这种挫折的真正价值，而且会对这样的教育方式产生抵触心理。

所以，父母和孩子一起成长，一起体验现在的生活，一起经受当下的挫折，才是真正的挫折教育。父母要做到的是以下两点：

（1）和孩子一起活在当下。当下的生活存在着很多问题，这些问题，在成年人看来不算什么，但在孩子眼里，也许就是很大的挫折。比如，每天要去学校上课，不间断地要面对雾霾天气；或者要面对很多孩子，甚至很多不熟悉的孩子；再或者要面对各种各样的补习班……对于这些问题，父母大可不必太忧心，也不必太刻意，更不要低估孩子们的适应能力和学习能力。他们面对挫折的适应性，其实并不比成年人差很多，只要我们加以适当的引导，他们肯定能够跨过这些难关。

父母没有必要给孩子报名去上学费昂贵的私立学校，也可以不带孩子去周游世界，只要让孩子参与到真实的生活中来，不娇不宠，让他和我们一样，直面真实的生活，他自然就会茁壮成长。

（2）珍惜和孩子一起生活的时光。每个孩子都是生活给父母的最珍贵的人生礼物，请父母一定要珍惜和孩子在一起的每一分、每一秒，从幼儿园阶段、小学阶段、初中阶段到高中阶段，甚至到大学阶段，不管孩子存有多少学习问题，不管孩子表现得有多叛逆，只要父母耐心地、有的放矢地引导孩子学习，不简单说教，也不粗暴指责，更不打骂，对孩子多一份耐心，多一份宽容，孩子就会在父母的引导下克服学习上的困难，一天天长大，而父母也会和孩子一起成长起来。

2. 学习不是强加给孩子的任务

每个孩子的兴趣爱好是不一样的，天赋各异，并不是所有的孩子都喜欢语文、数学和英语，也不是所有的孩子都排斥语文、数学和英语。因为每个孩子对不同学科的兴趣是不同的，如果一味地要求孩子学好某个学科，而不顾孩子本身的兴趣爱好，那么该学科的学习就会变成孩子的一项任务，而不是一种兴趣或者乐趣了。

学习不是强加给孩子的一项任务。一旦孩子把学习当成了任务，那么愉悦感就会相对减少。当然，并不是所有的学习都是愉悦的，很多学习在最初的入门阶段都是比较枯燥的，作为父母，一定要培养孩子的兴趣，使他对学习生出愉悦感，从而能够更加愉快地投入学习中去。

有些孩子不喜欢学习，其实并不是他真的不喜欢学习，而是有其他的原因。比如，10 岁的四年级男孩嘟嘟，他非常不喜欢学习，也不遵守学校纪律，常常故意破坏规则，公然与老师对抗，并以此为乐。通过了解，我们才知道嘟嘟家离学校很远，而且嘟嘟的父母工作都特别忙，经常加班，所以常常放学很久了，嘟嘟还待在学校里等父母来接。

老师对嘟嘟的评价是在学校对规则不认同，和老师同学交往也始终不肯遵守约定好的秩序！学习中、课堂上、排队时，他总是以自己的喜好和意愿行事。比如，老师让大家读书，他不读，老师走过去特意提醒他，他高兴了才会拿起书跟着读，不高兴了就会看看老师，然后从抽屉里取出课外书看，公然与老师对抗。

嘟嘟的同桌是个很老实的孩子，可嘟嘟总是欺负那个孩子，不是抢走那个孩子的文具，就是夺走那个孩子的课本，哪怕那个孩子正在用着，他也会一把从那个孩子手里抢过来自己用。老师过来调解，嘟嘟总是反问老师：你凭什么只说我不说他？

嘟嘟不仅不喜欢学习，还无视学习中的纪律和规则，这实在让人头疼。

其实嘟嘟的行为表现不是一朝一夕形成的，而是经过了漫长的过程。我们知道，孩子成长的动力是归属感，他在学校的学习中，之所以做出这类行为，就是因为对学习产生了对抗，缺乏归属感。

对于12岁之前的孩子，他们很难认识到成年人所谓的"学习改变人生，知识改变命运"的重要性。这个时候，如果他们把学习当成了一种任务，就会出现嘟嘟这样的行为，要么以打破学习规则来吸引父母的注意，要么以破坏课堂纪律作为自暴自弃的手段。

孩子在成长中，为了得到父母足够的关心、重视和认可，就会以各种各样的行为来表现自己，有的是建设性的，比如，成就、合作、乖巧等；有的是破坏性的，比如，磨蹭、逆反、骚扰、执拗等。在这个过程中，学习无疑是他们表现自己的最好途径，或者认真学习，或者反抗学习。

通常孩子会先用建设性的好行为来获得关注和表扬，如果失败，就会用破坏性的不好行为来试探。嘟嘟的父母忙于工作，没有时间陪他，也没有时间表扬他，嘟嘟的好行为没有得到关注，学习没有为他带来表现自己的机会；当他用破坏性的不好行为试探，比如，调皮捣蛋、打架、破坏学习规则、抢同学文具、顶撞老师等来试图引起父母的关注时，父母和老师都会"中招"，每次都会生气、发脾气。虽然这些行为招致他被批评、责罚，然而他的目的却实现了——他得到了关注，因此他的学习表现不但不会改善，反而会愈演愈烈，并形成恶性循环。学习成了他引起表现和老师关注的一种途径，一种任务。

6~12岁是"社会我"形成的关键时期；12岁以后进入"心理我"的自我探索期。"社会我"的形成依赖于父母和老师对孩子的评价，如果孩子听到的大多是鼓励、肯定，他就会给自己贴一个"我是好孩子"的标签，所有的行为都会符合好孩子的标准——合作、有礼貌、守规则、努力学习等；反之，他就会认为"我是坏孩子"，所有的行为都会配合这个标签而产生。

所以父母不要冷落孩子，不能把学习当作一项强加给孩子的任务，仅仅因为孩子的学习好坏、学习习惯的好坏和在校表现的好坏就一味地指责批评孩子，否则就容易激发出孩子的破坏性行为。

那么，对于嘟嘟的行为我们该如何纠正呢？

首先，就是不要把学习强加给孩子。具体来说，就是对于嘟嘟那些不好的行为，比如，调皮捣蛋、上课说话、不好好读书、不认真写作业等，在最初的纠正阶段，如果没有危险，不影响大局，可以暂时忽视，不予理睬，让这些行为得不到关注；如果有危险，或者影响重大，不要当众批评、指责他，可以让他进行选择。比如说："嘟嘟，你有两个选择，现在就翻开书跟着老师读，或者现在就走出教室自己出去玩。"态度坚定，语气平静，相比以前长篇大论的批评，这种处理对于嘟嘟来说，是一种忽视，有助于打断不好行为与获得关注之间的联系。

当嘟嘟有好的表现，即没有出现那些调皮捣蛋的行为时，就要及时肯定他。比如说："嘟嘟，你认真读书的样子真棒！""嘟嘟，你举手回答问题，老师很高兴。""嘟嘟，你今天主动把作业写完了，进步真大！原来这些知识你都学会了啊，看来父母小看你了！"每一次，嘟嘟只有通过好的行为才能获得关注，满足归属感，长久下去，他会越来越多地表现出好的行为，越来越多地获得肯定。不好的行为因为没有发展的空间和机会会逐渐消失，学习的兴趣和动力也就会逐渐成长起来。

3. 孩子破坏学习秩序的深层原因

孩子有时候会特意破坏学习秩序，但这一行为并不是对抗性的，而是取悦性的。有的孩子上课爱接下茬，目的是逗笑全班同学，这时候孩子之所以这么做，并不是想去对抗性地破坏秩序，而是想通过破坏学习秩序获取更多的关注。

比如，语文老师课上讲道："李白乘舟将欲行，忽闻岸上踏歌声，桃花潭水深千尺，不及汪伦送我情。"学生陆路接茬："李白乘舟将欲行，天上飞来轰炸机，李白不懂高科技，抡起扫把捅飞机。"逗得同学们哈哈大笑，老师气得两眼冒火。

陆路同学的这种行为就是取悦性的，虽然陆路同学足够幽默，也足够机智，但这样做的目的只是想引起注意。事实上，一些初中或高中的孩子多会有这样的表现，学习不主动、磨蹭拖拉、粗心大意、调皮捣蛋、接下茬……这些行为都是有目的的。因为孩子最喜欢的是鼓励和肯定，不喜欢的是批评和指责，最不喜欢、最不能容忍的是被忽视。他们通常想用好的行为获得关注，比如，遵守课堂纪律、按时完成作业等，但是由于成人认为他们这样做是应该的，因而不做出反应而被孩子误认为是一种"忽视"。为了得到关注，他们就会换个方式，比如，在老师讲话时接下茬，瞬间他就获得了老师和同学们的极大关注，成为班级中的焦点。相对于努力做出表现良好的行为而言，这样不当的行为只需要付出很少的努力，就可以获得更多的关注。孩子是最好的观察家，同时也是最差的行为解释者，当他误认为这样的不当行为能得到父母和老师的关注时，往往会经常表现，久而久之就会成为习惯。父母可以通过分析这些行为，了解孩子的行为目的，找到孩子的行为密码，发现孩子成长过程中的问题和形成原因，从而正确地激发孩子的积极性。

考虑到孩子的这种行为具有两面性，因而在对待这种行为时，也要有所区分。因为引发同学大笑而影响了老师的正常教学，这是孩子应该改正的；可是如果我们仅仅认为他是在哗众取宠而打击他，就会连同他的智慧一起抹杀了！父母教育的关键在于要在保护孩子闪光点的基础上，通过制订行为目标，使孩子养成良好的行为习惯。具体做法如下：

（1）制订阶段目标矫正孩子的不当行为。孩子的行为具有两面性，但行为目的却是一样的——希望有归属感，被团体接纳，从而有一席之地。虽然他自己没有明确意识到这些行为目的，但是只要我们用恰当的方式去引导他，帮助他制订合理的阶段目标，使他明确什么样的行为可以达到这个目标。如此一个阶段一个阶段地引导孩子，他就会使自己的行为向着这个正确的方向发展。

（2）和孩子一起管理目标。父母和老师可以和孩子一起努力，比如，增加奖励的梯次，设置月目标、周目标、日目标等，只要孩子达到要求，就给予相应的奖励，这些小奖励能让孩子尝到甜头，帮助孩子克服困难，勇往直前，直达目标！

4. 亲子交流：一起探讨学习的意义

一个人内在的动力是其行动的最佳源泉。只有让孩子认识到学习的意义，产生学习动力，才能真正激发孩子学习的兴趣。那么，如何正确理解学习动力这一问题呢？

很多父母都会为如何督促孩子用功读书而感到烦恼，特别是孩子进入初中、高中阶段，父母总是认为孩子缺乏学习动力，学习不积极、欠主动，有时甚至怀疑孩子是否天生不爱学习。事实上，孩子的学习动力是与生俱来的，相信父母仍会记得孩子在两三岁时总爱事事追问及对外界事物充满好奇的情形。为何孩子年龄越大，越缺少内在的学习动力呢？学校文化、评核制度、课程内容与教学方法等固然都是重要的影响因素，但父母的态度行为及管教方法更是不容忽视的影响因素。

因此，作为父母，通过亲子交流，和孩子一起探讨学习的意义，让孩子正确理解学习的重要性，势在必行。那么，父母应该如何与孩子进行亲子交流和探讨呢？是什么原因让孩子对学习渐渐失去了兴趣，丢失了学习动力呢？

很多父母觉得和孩子探讨学习的意义，就是回答孩子的问题。大部分父母甚至有这样一个习惯，那就是孩子一向自己提问，马上就把问题的答案告诉孩子，他们坚定地认为孩子不会的就要及时准确地教授给他们。

但事实上，这样常常会事与愿违，正如书非借不能读的道理一样，如果得来的太容易，孩子就无法体验自己寻找答案的乐趣，因而扼杀了他们的内在学习动机。同时更会让他们养成依赖及易放弃的习惯，令他们失去自学能力。

那么，父母和孩子讨论学习的意义，就只是帮助孩子收集或整理资料吗？

答案是不一定，和孩子讨论学习的意义，是让孩子自己主动去寻找学习的机会和途径，而不是父母越俎代庖，从而让孩子失去寻找学习资料的能力。

父母要弄清楚一个问题，和孩子探讨学习的意义，不是一味地向孩子强调课本知识的重要性。事实上，孩子无时无刻不在学习，这个世界对他们来说充满了各种新鲜的知识，所以学习的意义并不在于一定要时时刻刻抱着课本学习，而在于了解这个世界的各种知识，丰富自己的知识体系，增长自学的能力，提高学习的自主性和自控性。只有提高了学习能力，才能够真正把知识学会、学好。

所谓学习，指的是广泛意义上的学习。真正的学习，并不是单纯地仅仅要求孩子学习课本知识，如果孩子在读一本课外读物，朗诵一首自己喜欢的小诗，都是可以的，只要他在这个过程中，有了专心投入学习的体会，就是真正的学习。如果只单纯地强调学习课本知识，对孩子在课本之外的任何学习和探索活动都进行干预甚至阻止，那么孩子就会因此对课本知识的学习产生厌恶感。父母应该清楚地意识到，之所以让孩子懂得学习的意义，就是为了激发孩子学习的积极性，如果因为所谓的"严监管束"，让孩子对功课产生抵触情绪、负面情绪，比如，烦躁、压抑或不满等，就适得其反了。

父母和孩子一起探讨学习的意义，重点在于让孩子理解学习是为了提高自己的价值。相信没有一个孩子从一开始就自甘人后，所以不必过分强调学校排名、考试成绩等问题，也不必频繁拿自己的孩子和别的孩子做比较。只有让孩子明白学习是为了让自己能够更好地了解这个世界，为了让自己能够更好地成长，孩子自然就会把学习当成一种需要，而不是一种负担了。

父母使孩子理解了学习的意义之后，可以更好地教育孩子。简单来说，有以下两点好处。

（1）懂得学习的意义才能学会自律。探讨学习的意义，也就是在探讨如何培养孩子的自律能力。让孩子从小就明白他们的权利和责任，以及学会自己承担自己的行为后果，鼓励孩子学会自律，比如，自主完成功课，自行制订学习时间，意识到如果未能达到自己制订的目标所必须承担的后果，等等。

（2）有利于培养孩子在学习方面的成就感。父母应重视"在游戏中学习"及培养孩子在学习方面的成就感，让孩子多多体验成功。其实有时候，孩子不爱学习，和父母过分溺爱孩子有关。因为溺爱，所以纵容，让他们患上"学习依赖症"，失去了发挥内在学习动力与潜能的机会。所以，父母要纠正自己的溺爱行为，适时地给予关爱，从而让他们体会到自主学习所带来的成就感，并让这种美好的感觉陪伴他们走过初中、高中，以及大学阶段，甚至整个人生阶段。

5.如何培养良好的学习习惯

都说"孩子是一张白纸",其实在学习习惯和学习方法方面,孩子也一样是"一张白纸",父母要逐渐培养孩子建立起良好的学习习惯和学习方法。

有的孩子逃避学习,都已经处于初中或高中阶段了,他们仍旧对学习没有兴趣,不愿上课,觉得上课没有成就感,对自己的未来既没有抱负和期望,也没有上进的愿望;有的孩子焦虑过度,缺乏自信心,总觉得自己学不会、学不好,脑子不开窍;有的孩子注意力分散,学习时很容易受各种因素的干扰,只对学习以外的事感兴趣,对学习有厌倦、冷漠甚至排斥情绪;还有的孩子学习无目标、无计划,东一榔头西一棒子,毫无良好的学习方法和学习习惯。

这个时候,就需要父母予以正确的引导,帮助孩子找到适合自己的学习方法,培养良好的学习习惯。具体来说,可以有以下几种做法。

(1)树立孩子的自信心。鼓励孩子在心底对自己说"我行""我能行"。因为总有一些自卑感强烈的孩子评价自己时,认为自己语文不行、数学不行、英语不行,这不行那也不行,结果越认为自己不行就越没信心,越没信心就越感觉学习太难,有的甚至"破罐子破摔"。

还有些孩子，自己学习基础较差，快到期末考试时，心里就会想：我期中考试就没考好，我肯定不行，这次还是考不好。反正也考不好，再怎么努力学习，还得受父母的斥骂，干脆就别努力复习了。因为提前放弃，最终还是考不好。

帮助孩子找到正确的学习方法，培养良好的学习习惯，最重要的就是帮助孩子克服自卑心理，树立自信心，告诉孩子"你能行"，不要斥责，也不要谩骂，坦然和蔼地鼓励孩子，帮助孩子树立自信心。

当然，帮助孩子树立自信心需要一个过程，比如，让孩子通过默念"我能行"这种积极的自我暗示来树立自信心，或者通过对每一次的小进步进行鼓励，逐渐培养孩子的自信心。

（2）每个人都有自己的"王牌"。每个孩子的天赋和兴趣点都不同，要想培养孩子的学习兴趣和学习习惯，就要让孩子意识到自己也有"王牌"，而不是一无是处。孩子喜欢手工、画画，而且做得也很好，那么父母就可以从这方面夸赞孩子，鼓励孩子用自己喜欢的方式去学习。比如，在学习数学的时候，可以自己制作学具，自己动手画一画来学习数学的加减法。如果孩子喜欢植物，那么就可以让孩子学习和植物有关的汉字，如此来引导学习，逐步找到适合孩子兴趣特点的学习习惯方法，培养良好的学习习惯。

（3）对孩子微笑。父母的态度是孩子学习的动力，如果父母天天愁眉苦脸、垂头丧气，说孩子这也学不好，那也学不好，那么孩子就会在学习方面缺乏积极主动性。在日常生活中，没有欢乐的人，经常是愁眉苦脸、无精打采、眼神呆板，而内心欢乐十足的人则眼睛闪闪发亮，满面春风。人的面部表情与人的内心体验是一致的。笑是快乐的表现，笑能使人产生信心和力量；笑能使人心情舒畅，振奋精神；笑能使人忘记忧愁，摆脱烦恼。所以父母要常常对孩子微笑，即便孩子的功课做错了，也要笑着去纠正孩子，这样他们的情绪就能够得到正确的引导，学习动力自然也容易调动起来。

（4）培养孩子的好奇心。孩子的学习兴趣与好奇心的培养有关。好奇心代表喜爱接触新事物。一个人接触的新事物越多，他就会想知道的更多；想知道更多，正是学习动力的来源。可是，很多时候父母都不鼓励，甚至压抑孩子的好奇心。父母带孩子上街时，孩子可能会指东指西叫他们看，父母通常会多加一句："不要看太久啊。"有时，孩子在观察事物时，父母也会加以阻挠。孩子后来之所以问完父母第一个问题后，便不再问第二个问题，是因为他们知道父母不喜欢他们追问下去，但其实发问正是学习动力之源。

（5）以身作则，做"好学"的父母。如果父母本身就是凡事不求甚解，对一切都兴味索然的人，孩子也很难做到"好学好问"。所以父母一定要以身作则，勤学好问，给孩子灌输"错了不要紧，多问才能学到更多"的学习理念。

6. 如何激发孩子的学习兴趣

父母都希望自己的孩子既能轻松愉快地学习，又能取得好成绩。但实际情况往往在很多时候都不尽如人意。有的孩子已经升入了初中，甚至高中了，一提到学习就头痛，怕读书，怕做作业。遇到这些情况，不少父母都感到束手无策，究竟是什么原因造成了孩子厌学呢？其实主要就是孩子对学习没兴趣。学习兴趣是推动孩子学习的一种最实际的动力，它能够促使孩子自觉地去学习。一般来说，孩子的学习兴趣与他们的学习成绩、学习信心是相辅相成的。孩子对哪门功课有兴趣，哪门功课的学习成绩就会好，学习信心就会足。因此，激发孩子的学习兴趣很重要。那么，如何去做呢？

（1）尊重孩子的兴趣。很多父母从孩子一入学开始，就千方百计想让孩子学得好、懂得多，所以父母把孩子的双休日、节假日都安排得满满的。虽然孩子多学点东西是好的，父母的出发点也是好的，但孩子是否真的喜欢呢？父母常常不顾及孩子的感受，以至于孩子学得非常辛苦，这也是孩子不想学习的原因之一。孩子好比各种树苗，有的像松树苗，有的像杨树苗，有的像榕树苗……不论是哪种树苗，都可以长成参天大树。所以父母应该做的，并不是强迫孩子学这样、学那样，而是多给孩子一些自由宽松的空间，让他们去选择自己感兴趣的、喜欢的事。比如，有些孩子喜欢动手做一些科学小实验、小制作。父母会认为这与学习无关，常常加以阻止，限制他们做自己喜欢的事情。事实上，孩子在制作过程中也需要动脑筋，遇到不懂的地方他们自己会去查阅有关的资料和书籍，这一过程就是学习的过程。在这样自主自发的学习过程中，孩子不仅会很自觉地去学习，而且还会学得很开心，孩子的学习能力也能够得到极大的提高。总之，这样的活动不仅能使孩子的思维能力得到发展，而且能提高他们的动手操作能力。

许多事实证明：小时候培养的兴趣往往为孩子一生的事业奠定了基础。有些做父母的对孩子寄托了很大的希望，但他们往往只按照自己的主观意志去"规定"孩子的兴趣，而不是尊重孩子自身的学习兴趣，这样的培养方式往往会延误孩子的发展。

（2）把孩子原有的兴趣与知识学习联系起来，以培养和激发新的兴趣。孩子不喜欢学习的原因非常复杂，其实孩子并不是所有的知识都不喜欢学习，如果能够把孩子原有的兴趣和在校的知识学习结合起来，那么就是最好的兴趣激发。

比如，很多孩子喜欢做科学小实验，其实这些科学小实验的知识和物理、化学等学科知识都是息息相关的，因而他们就能够想办法让这些知识结合起来。再比如，有的孩子喜欢说话，如果能够借此培养孩子的口才，培养其对演讲的兴趣，那就是最好的结合。

父母只有尊重孩子的兴趣，并予以正确的引导，才能让孩子更好地学到知识，更好地激发出学习的兴趣。

第二章
找到学习的驱动力

——有动力，孩子自然愿意学习

1. 创造条件让孩子自主学习

实际上，没有孩子天生就不爱学习，每个孩子都有天生的求知欲。

有些时候，并不是孩子不喜欢读书学习，而是因为某种因素导致的，比如，上学时被老师批评，读错了字遭到同学的讥笑，想看电视却被迫写作业，等等。这些原因逐渐在内心堆积起来后，孩子就渐渐对学习失去了兴趣。

父母要和孩子正常地、和蔼地沟通，和孩子探讨为什么不喜欢读书，允许孩子说实话，不管他的理由多么可笑，父母都不可以责骂或取笑他。当孩子把自己不喜欢读书的理由都说出来之后，父母就会发现他不喜欢学习的原因并不是学习本身，而是被老师批评了、被同学讥笑了、想看电视等与读书学习有关的问题影响了。当父母了解了他的问题后，就要着力为他解决问题。比如，可以和老师谈谈孩子的情况，避免以后再发生被老师批评、被同学讥笑等事情；在孩子喜欢看的电视节目播放时，先让孩子把电视看完，然后再去学习；等等，这样可以帮助孩子解决学习上的障碍，恢复孩子对学习的兴趣。之后，父母还要创造条件，让孩子学会自主学习。主要有以下几点。

（1）学会倾听孩子的表达。父母要创造条件让孩子自主学习，这也包括要倾听孩子的表达。比如，新入学的孩子对学校的一切都感到新奇、有趣，他们回到家会兴致勃勃地向父母讲述在学校的学习生活，这时，父母应耐心倾听，并和他们讨论接下来应该怎么做等，这对培养他们的学习兴趣是很重要的。

（2）使书桌变成孩子感兴趣的地方。有些家庭，室内装修得很好，但是唯独孩子学习的地方很简陋，有的只是一个简易的书桌，有的甚至就让孩子趴在饭桌或者茶桌上读书学习，这些都是不正确的。只有给孩子创造一个良好的学习环境，一个孩子满意的、感兴趣的学习环境，才有利于孩子对学习产生浓厚的兴趣。所以，一张属于孩子自己的书桌必不可少。如果把书桌变成孩子感兴趣的地方，孩子就会对经常坐在书桌前学习产生兴趣。书桌要整洁，抽屉里要备有各门功课所需要的工具，当孩子需要时，立刻就能找到，不会因为缺少某件工具而中断学习。书桌要美观舒适，这样孩子一有时间就会坐到这里开始学习。有的父母经常向老师反映孩子在家做作业速度慢，经常做到夜里十一二点。当老师问及孩子在家怎样做作业的时候，有的讲孩子一边做作业一边看电视，有的讲孩子一边做作业一边玩，有的讲孩子一边做作业一边听大人讲话，等等，这些都是造成孩子做作业速度慢的原因。由于外界干扰大，孩子的精神难以集中，做作业的速度自然就会慢。无论什么原因，父母都应该尽可能消除影响孩子专心完成作业的干扰事项，给孩子创造一个比较安静的环境去学习。

（3）每次的学习时间不宜过长。当前父母对孩子的期望普遍过高，他们希望孩子学习、学习、再学习，只要孩子端坐在书桌前，不管其效率如何，父母就感到欣慰，因而总是催促孩子"坐好！开始学习"。殊不知，这种做法并不科学。无视孩子的心理特点，随便延长学习时间，只会让孩子把学习和游戏对立起来，厌恶学习，还会养成磨蹭、注意力不集中的坏习惯。因此，孩子每次的学习时间不宜过长，要培养孩子的学习兴趣而不是一味地延长孩子的学习时间，对于处在初中、高中阶段的孩子尤其要注重这一方面。

（4）鼓励孩子获得成功，提高孩子的成功感。成功会使孩子感到满足，并愿意继续学习。因此，父母应该多鼓励、引导孩子，让他们体验到成功的喜悦。因为每个孩子的智力、接受能力有所不同，父母应该全面去了解自己的孩子，根据孩子的具体情况为他们制订一些容易达到的小目标，这样可以使孩子觉得他们能够做到，这样他就有信心，有动力去做，就会获得成功。当他体验到成功的乐趣时，就会有兴趣、有信心去实现下一个目标。随着一个个小目标的实现，孩子就能不断取得进步。所以帮助孩子树立目标、建立方向，要循序渐进，不能操之过急。父母要耐心引导，帮助孩子体验到克服困难、获得成功的乐趣。比如，低年级的孩子学会拼音和一些常用的汉字后，可以让他们试着给自己喜欢的小朋友写封短信，让他们体会学习的实际效用，当他们获得成功后，会更加愿意进行新的学习。对于高年级的孩子，则要引导他们学以致用，通过实践让他们切实感受到知识的力量，从而增强求知的欲望。

2. 请及时满足孩子的求知欲

　　每个孩子都有求知欲。作为孩子的父母，要及时满足孩子的求知欲，并试着让孩子创造问题，不断提升孩子的求知欲。

　　孩子是学习的当事人，如果他们总是被迫学习，被迫考试，学习处于被动状态，时间久了，对学习生厌也是可以理解的。因此，父母在指导孩子学习时，可以换一种方法，不要经常让孩子去解答问题，而是采取让孩子创造问题的学习方法。这不仅会改变孩子的学习态度，而且会激发孩子的学习兴趣，让讨厌学习的孩子也对学习产生兴趣。

　　试着让孩子创造问题，这时孩子会考虑哪些知识是要点，父母也可以在指导孩子学习时以此为中心。另外，孩子一般会对自己理解的非常到位或自觉得意的地方提出问题，这对父母来说，就很容易掌握孩子在哪些方面比较擅长，在哪些方面还比较欠缺。如果坚持用这种学习方法，孩子就会在平常的学习中准确抓住学习的要点和问题所在。此外，这种做法还有助于提高孩子的表达能力，满足孩子的自尊心，学习自然就会取得良好的效果。具体做法如下。

　　（1）让孩子做老师，提供运用知识的机会。父母可以与孩子一起学习，让孩子做老师去教父母，试着交换一下教和被教的地位，如果孩子站在教授方的立场，会大大提高其学习的欲望。同时，为了使对方明白，孩子必须深入学习并抓住学习内容的要点，这对于其自身的学习有很大的帮助。

（2）开展竞赛。竞争是支配人类行动的一个重要动力。比起自己一个人去努力学习，不如和对手竞争，这样反而能更大程度地发挥出自身的潜力。有条件的父母，可以让孩子和同班同学一起来家里学习，比赛写作业，看谁写得既快又好。孩子也可以在心里默默地找一个比自己成绩略高的同学作为竞争对象，暗下决心，争取逐步赶上和超过他。

（3）把学习计划公之于众。利用心理学戒烟的一种方法是向家人或朋友公开宣布："我要戒烟了！"这样做会起到一个强迫约束效果。当你忍不住想抽时，马上就会想到"别人是否会笑话我的意志薄弱"或者"这样做太没出息了"，因此就能让自己坚持到底："无论如何，一定要坚持实行自己的计划。"制订学习计划也是同样的道理。不要只是自己暗下决心，而应该向家人或朋友公开宣布："我要如何如何用功学习了。"这样做会产生积极的效果。

（4）利用"报酬效应"激发学习兴趣。当孩子在做功课时，只要产生了想睡觉、看电视、吃零食等想法时，就可以让孩子自己设定，在达到某个目标或阶段后，以奖赏的形式来满足自己的欲望，也就是说只有达到规定的程度之后才可以做自己期盼的事情。如此一来，孩子可能为了及早得到奖赏而专心致志地学习，并会尽可能地缩短学习时间。像这样学习时快乐的自发记忆比被迫记忆要更牢靠、更持久。

（5）和孩子讨论他的将来，从而激发他学习的意愿。每个孩子，都会有对自己未来的憧憬。做父母的，不妨让孩子充分发表自己对将来的想法，不管这个想法是多么不切实际。父母和孩子一起讨论，为了实现自己的理想需要具备哪些知识，让孩子了解并意识到，为了自己的将来，目前辛苦学习是非常必要的，从而更好地激发孩子学习的积极性。

（6）了解孩子的学习能力。父母切记千万不能把自己的理想模式强加给孩子，每个孩子都有自己的特点，所以学习目标的制订还要因人而异，即使制订好了学习目标，也应随着孩子的状态不断调整，使之始终处于适合孩子学习能力的状态。

3. 提高效率，避免拖延

孩子常常拖拉，完不成作业，或者抵触学习，效率低，之所以会出现这些情况，有时候并不完全是心理抵触，或者并不完全是排斥学习，而是孩子真的有拖延的习惯。孩子如果总是拖拉，一定会在某些时候得到一些教训，比如，没完成作业，考试没答完卷子，或者上学迟到，等等，这些教训可能就会让孩子对学习产生不愉快的体验。所以父母要帮助孩子树立时间观念，提高效率，避免拖延。

父母应该让孩子学会做事情有规划，同时，父母自己也要做到做事情井井有条。孩子从父母那里受到好习惯的影响，慢慢也能养成好习惯。

喜欢拖延的孩子，可以帮助他们多结交几个急性子的朋友，让急性子的朋友天天在孩子面前催促，增加孩子的紧张感，孩子自然而然能变得做事迅速起来。

父母也可以帮助孩子制订详细的时间计划，把每个步骤所需要的时长都安排上去，这样每个步骤的时间都是有限的，一点时间也不能耽误，孩子就没有理由拖延了。

另外，父母也可以找一个比自己的孩子更加喜欢拖延的孩子，让自己的孩子向对方夸下海口，宣称要做对方的榜样。这样孩子就会有压力，不敢任性拖延，生怕有损自己的榜样形象。

当孩子按时完成一件事情的时候，要用孩子最喜欢的东西来奖励他，如美食、玩具等。这样孩子在享受到美食和玩具后，对按时完成作业会更加有积极性。

如果孩子喜欢拖延是因为学习本身有难度，这时就需要父母帮孩子一起解决问题，或者降低学习标准，那样孩子就容易按时完成，不会拖延。

任何学习任务产生的当时，往往是学习动力最足的时候，因此应该在学习任务出现的那一刻，趁热打铁，鼓励孩子一气呵成地做完它。否则越拖到后面，就越不容易调动起孩子的学习动力了。

如果孩子需要学习的内容很多，父母也不必严格规定孩子每做一件事情所需的时间，只要告诉孩子一个总体的时间就可以了，让孩子学会自己分配时间。如果最后不能按时完成，自然要承担相应的后果。

孩子的行为习惯，需要长期坚持并养成，所以，作为父母，一定不要心急，给孩子时间，一点一点看着孩子成长和进步，那样父母会感到无比幸福。

如果孩子因为故意拖拉导致学习任务不能及时完成的话，父母也可以让孩子接受适当的惩罚。注意不能进行体罚，只要对孩子的一些要求不给予满足就可以了。

的确有孩子似乎天生喜欢拖延。这类孩子对身边的事物常常表现出畏缩、害怕、害羞沉默情绪，而且不愿意与别的孩子玩，做事拖拉。但这类孩子之所以拖延必然有其原因，父母一定要认真观察，帮助孩子排除任何拖延的借口，这样才能让孩子自主自觉地学习，克服拖拉的毛病。为了帮助孩子，父母可以采取以下几种做法。

（1）拒绝帮忙收拾残局。越来越多的父母开始抱怨，随着孩子升入初中、高中，本以为不用再费那么多精力了，没想到孩子却患上了"拖延症"。举手可办的事情，就是拖着不办。明明1小时就能完成的功课，偏要熬到深夜。有的甚至要父母代写，帮忙收拾残局。而这个时候，父母一定不要急于帮忙，要让孩子体会到拖延的后果，几次之后，孩子的拖延就会有所改观。因为父母拒绝帮忙收拾残局，孩子就会逐渐明白，功课拖到最后还是自己的事情，与其抵触、拖延，不如尽快完成。

（2）拿走"平板"、拒绝电脑。孩子升入初中、高中之后，生活和学习节奏也逐渐加快，但拖拉的情况也日趋严重起来。到底是什么原因让孩子拖延成性且愈演愈烈呢？其实，拖拉的根本原因是孩子对学习这类不感兴趣的事情会分心、走神，无法专注于事情本身；对感兴趣的事，比如，看电视、玩游戏就异常积极。

面对孩子的拖延，父母们一定不要着急。首先要找到孩子拖延的原因，为什么拖延？如果孩子是因为喜欢看"平板"、手机而不愿做作业，那就要求孩子丢掉"平板"、手机，安心做作业。

如果孩子喜欢打电脑游戏，就要想办法减少孩子打游戏的时间，不能放纵孩子，一定要下决心纠正孩子的坏习惯。

想改掉任何一个坏毛病都是很难的，我们需要制订一个计划，可以把孩子要做的事情、需要的时间写在本子上，一项一项地完成，在完成所有事之前，规定不上网，不打游戏，如果孩子讨厌这样做，至少要让孩子头脑保持清醒，明白自己下一步要做什么。

（3）让孩子有危机感。孩子拖延、抵触、不愿意学习是因为他们没有危机感。如果家里有两个孩子，一个孩子学习好，另一个孩子学习差一些，父母不用刻意的表扬和批评，那个学习差一点的孩子内心就会有危机感，有压力。所以父母可以对孩子适当施以压力，比如，学校要求购买某样学习用品，父母可以要求孩子用自己的某种学习成果去换取，不一定是分数，但一定是从事学习活动去换取，这样孩子就会有压力感，为了获得和别的孩子一样的学习用品，他们就会主动去从事学习活动。要想培养出有上进心的孩子，就需要给孩子适当的压力感，这样孩子才会有学习的主动性。

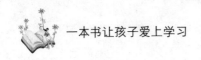

4. 抵触、厌学和粗心有关

很多孩子抵触学习，是因为学不好，而学不好，很多时候和粗心有关。如今，不少父母都在感慨，自己的孩子总是粗心大意，不是考试时做题马虎就是东西丢三落四……不知从什么时候起，孩子养成了这个坏毛病。有的是偶尔粗心，有的是经常如此，有的甚至已经形成了习惯！面对这种情况，父母千万不能着急。只有找到孩子粗心大意的根本原因才是解决问题的关键。

教育专家们对粗心的原因进行了初步分析，并提出了纠正孩子粗心的好办法。但造成孩子粗心的原因是多方面的，纠正孩子粗心的方法也有很多种，父母只有全面了解孩子粗心的原因，才能有针对性地解决孩子的粗心问题。

造成孩子粗心的原因有以下几种。

（1）来自父母的负性强化。不知道父母有没有意识到，在孩子的成长过程中，很多观念是父母自觉或不自觉地强化给孩子的。就拿粗心来说，当孩子出现看似不应有的失误时，父母如果仅仅以"粗心"作为评价的依据，那么孩子就会从心理上承认自己是个粗心的孩子，并会以粗心这个理由轻易地原谅自己，在以后的学习中也就难怪孩子粗心成性了。所以，如果反复地强调孩子的粗心问题，结果反而会加重孩子的粗心行为。其实，低年级的孩子，知识结构还没有形成，思维定式也不明显，作业出错的可能性非常大。父母看到很容易的题目孩子都做错了，就说孩子粗心、不用功，甚至小题大做批评一通，这种做法是极其错误的，父母过分强调孩子错误的严重性，目的是想引起孩子注意，以此克服粗心大意的不良行为，而事实上却恰恰相反，这样做不仅不能解决孩子的粗心问题，而且还严重地强化了孩子内疚、惊慌、恐惧等心理，进而形成自我否定的消极心态。

（2）感觉统合失调的表现。有这样一些孩子，他们做很简单的问题都会出错，比如，分不清 p 与 q、b 与 d，还会把一个字的左右偏旁写反，写字经常笔画或部首颠倒，一张卷子总会漏做一两道题，等等。可不管老师如何反复讲解、父母如何大声训斥，孩子就是改不掉。其实，这些孩子之所以粗心，是他们的感觉统合失调所造成的。这类孩子因为缺乏对认知刺激的精细加工，使收受的外部信息不能在大脑中进行有效的组合，导致孩子对外部事物的感知不够正确，存在视觉、听觉、触觉等多种感觉失调的现象，做题时粗心的现象就会比较严重。

（3）缺乏责任心和耐心。孩子对学习、考试不够重视，做事得过且过，没有长性，也会使孩子产生粗心的不良习惯。

（4）粗心有"假"。父母应该多追问孩子因粗心而出错的真正原因，有时孩子所谓的"粗心"，并不是前面所描述的这类原因，它背后的真正原因，或者是孩子对基础知识掌握得不够扎实，或者是孩子对概念的错误理解。所以，父母要注意区别对待，别让粗心的幌子掩盖了问题的真相，错失了教育的良机。

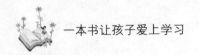

5. 如何纠正粗心的孩子

在对待孩子粗心的问题上，要具体问题具体分析，采取有针对性的措施，给予孩子一定的帮助和指导。

（1）努力强化孩子的优点，千万不要随意给孩子贴负面的标签。当孩子把很容易的题做错了的时候，父母不要轻易把"粗心"的标签贴在孩子身上，不要简单地用"粗心"作为评价孩子的依据，不要让孩子逐渐形成自己粗心的思维定式，而是要努力去发现孩子细心做事的时候，抓住机会肯定孩子，唤醒孩子，让他感觉到自己其实是可以很细心的。即使孩子有粗心的毛病父母也不能总说，否则，孩子就会从心理上认可自己就是这个样子了，这样一来，孩子的粗心问题就会越来越严重。所以，父母在孩子粗心的时候，可以先不去理睬他，逐渐淡化孩子的粗心问题，然后在孩子不粗心的时候立刻表扬他，强化孩子的细心，这样孩子就会慢慢地向着细心的方向发展了。

（2）帮助孩子安排作息时间，养成认真仔细的学习习惯。父母要帮助孩子安排好学习、休息和娱乐的时间，教育孩子学会"专时专用"，引导孩子在玩的时候要玩得舒心畅快，在做作业的时候要专心致志，绝不分心。为了帮助孩子养成认真仔细的学习习惯，父母有必要教给孩子一些做题技巧，比如，针对低年级孩子的心理发展水平，要求孩子读题时，要一字一句地读，不添字也不漏字，学会勾画出关键字词，在理解题意的时候，要认真审题，理解题目给出的每个条件，在正确理解题意后，写出算式，最后要保证计算正确无误。父母还可以帮助孩子制订每天的口算训练量，让孩子坚持多做口算题，加强练习，帮助孩子逐渐减少出错率。如果在小学阶段保持了良好的学习习惯，那么在以后的学习生活中也会轻松很多。

（3）帮助孩子养成检查学习结果的好习惯。许多父母因为一开始教育孩子时，不注意采用正确的方式方法，从孩子入学以后，只陪孩子做作业，每次孩子的作业一出现错误，父母就立即指出来，告诉孩子这里错了，那里也不对，久而久之就剥夺了孩子主动发现错误的机会，孩子没有经过自己大脑的思考，又怎么会留下印象呢？所以，父母一定要从一开始就把独立完成作业和检查作业的任务交还给孩子，孩子在做作业的时候，你离他越远越好。等孩子做完作业，你先让他自己检查，等他检查无误后，你再帮助他检查。但是你不要告诉孩子是哪里错了，你只能告诉孩子是哪一段、哪一行出现了错误，让孩子自己把错误找出来并改正。就这样一直坚持下去，直到孩子能够主动养成检查学习结果的好习惯为止。

（4）培养孩子的责任心。可以给孩子划分家庭责任区，如扫地、倒垃圾、买饭、洗碗、叠被等一些轻巧的体力活，让孩子选择一两项由自己负责，每天要把自己的工作认真、细心地做好，做不好就要求他重来一遍，直到做好为止。这样就会让孩子养成认真的好习惯，也会逐渐培养起孩子的责任心，当他再做其他事情的时候，就不会粗心大意了。培养孩子的责任心还需要父母给孩子做言行上的榜样，有的父母本身对待工作就马马虎虎、得过且过，对教育孩子没有足够的耐心，一看到孩子出现问题就着急上火，这些都给孩子树立了反面典型。受到这些影响，孩子在学习上、做事上又怎么会仔细、认真、负责呢？

（5）发挥媒体的教育效力。报纸、电视等媒体经常会刊登或者播放因粗心导致的重大事故，比如，一个随意丢弃的烟头有可能引发一场大火，一个未上紧的螺丝钉有可能导致一场空难，等等。只要父母看到这样的报道，就可以在家里展开讨论，可以请孩子一起参加讨论，也可以只是夫妻两个人的对话，不管如何，这样的对话都要不动声色地让孩子听到。事实证明，用这样具体鲜活的事例来感性地教育孩子，其效果是非常明显的。

（6）和谐民主的家庭气氛能培养愉悦平和的心境，让孩子做事不骄不躁。这要求父母有足够的耐心，不迁就，不粗暴。这样，就能够通过改变孩子的行为来改变他的习惯甚至最后改变个性。日积月累，你就会发现孩子的粗心现象在渐渐减少。对待孩子的粗心问题，父母一定要有一个正确的态度，既要加强指导，又不能过分地指责和批评。父母要充分地认识到，孩子的粗心是与孩子的心理发展水平相适应的，随着孩子年龄的增长，在升入初中、高中之后，尤其是在良好的家庭教育影响下，孩子的粗心现象会越来越少。

还有一些小方法，可以有效帮助孩子改掉粗心的毛病。比如，抄写提醒语录贴在书桌前、铅笔盒等地方，时刻提醒要自己细心、细心、再细心。如"题目一定读两遍""坚决消灭错别字""看清 +、– 号"等。也可以耐心地陪孩子做游戏，每天坚持半小时。比如，分豆：把混合在一起的黄豆和绿豆分开；钉纽扣：在规定的时间内钉好若干纽扣，或记录孩子认真钉纽扣的最长时间。

6. 时间管理训练

这里，向父母提供一个行之有效的可以改变孩子学习拖延习惯的方法，那就是时间管理训练。

常言道："十个孩子九个磨！"提起孩子的磨蹭，父母总有诉不完的苦，可谓大伤脑筋！而孩子的磨蹭百态更是数不胜数：起床磨蹭、洗漱磨蹭、吃饭磨蹭、做事磨蹭、睡觉磨蹭……其实，孩子爱磨蹭大多是事出有因，因此父母要想纠正孩子的磨蹭，首先就要下功夫，耐心寻找症结所在。

孩子磨蹭是引发父母发火的一个最常见的因素。父母总觉着孩子到点应该开始干点正事儿了，但他一会儿干这个，一会儿干那个，就是不开始做正事儿，这时父母就会忍不住冲孩子嚷嚷。不过，这也是父母成长的机会，如果在每次发火之后反省一下，就会发现父母有两个不合理的习惯性思维。

第一个不合理的习惯性思维：时间紧，应该快一点儿。

很多次的发火都是由于父母觉得时间紧迫，所以有些急。其实这只是父母自己的想当然，时间其实并没有想象中那样紧迫，即使因为磨蹭耽误三五分钟，也没关系。所以，父母要学会告诉自己：其实不急，耽误三五

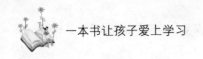

分钟没关系的。这样默念，往往就不容易发火了。

第二个不合理的习惯性思维：你应该开始做事了。

父母发火的一个原因就是总觉得孩子应该开始做事了。刚开始看到孩子还没开始，父母的坏情绪会一点点积累起来，过一会儿孩子要是还没开始，积累的坏情绪导致父母马上就发火了。所以，父母要学会反省：孩子有自己的节奏，有自己的打算和安排，他正在做的事情是有理由的。

要想改变孩子磨蹭的习惯，最重要的就是要加强孩子的时间观念。

人的一生是由一天一天的时间组成的，因此，从小树立良好的时间观念，养成良好的时间管理习惯，是人生良好开端的第一步。

那么，孩子的时间管理训练该怎样进行呢？用寓教于乐的方式帮助孩子管理时间最有效。

孩子之所以对管理和约束这类事情带有抵触情绪，是因为父母没有采用孩子喜欢的形式。"兴趣是最好的老师"，如果用智能时钟，就能很好地培养孩子的兴趣，比如，起床时间到了，美妙的音乐响起，孩子乐于接受这样一种起床过程；睡觉时间到了，孩子听着睡眠小故事，在安静动听的催眠曲中进入梦乡，这样做时间管理的目的也就达到了。

同时，一定要给孩子规划任务，提高孩子的执行力。

人往往对自己感兴趣的事情动力十足，如果让孩子去玩耍，一个小时都不够用，可是，生活中总是有些自己不太喜欢做而又一定要做的事情，比如，做作业，15分钟就会让孩子感觉度日如年。这时候就需要用智能时钟规划好任务，评估一下孩子的执行力。孩子如果认真投入学习，可适当奖励或鼓励，如果表现散漫，要找出原因，并进行教育。

时间管理并不是让人像机器一样运转，而是在有限的时间里保持高效率，这就需要劳逸结合。因此，成年人一天中有一部分时间是在工作和学习，有一部分时间是在玩耍和休息；孩子也一样，而且孩子玩耍和休息的时间要比成年人多。不同年龄段的孩子可根据具体情况对智能时钟进行调节，让时间管理的效果达到最佳。

只要从小就开始培养孩子的时间观念，让孩子在时间管理训练中体会到成功和快乐，就能树立一种正确的时间观念，让孩子不再拖延，成为珍惜时间的人！

第三章
不吼不叫营造学习氛围
——孩子学习也需要一定的条件

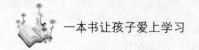

1. 不吼不叫，提高孩子的注意力最重要

很多父母不知道，其实孩子不爱学习和注意力不集中有关，那么，注意力不集中有哪些危害呢？

注意力不集中，容易错误理解、轻视或忽略学习过程中学习信息的真实含义，还很容易被众多新鲜的事物所吸引。由于这类孩子的抗诱惑和抗干扰能力比较差，因此难以遵守规范和指令，也难以适应学习生活，严重的甚至产生心理抗拒。

那么，如何解决孩子注意力不集中的问题呢？

（1）父母要和孩子一起集中注意力去从事学习活动。孩子在学习中，表现出走神、开小差等注意力不集中的状态时，父母不要吼叫，因为此时斥责孩子并没有多大效果。相反，父母要做的应该是提供高质量的陪伴，和孩子一起集中注意力从事学习活动，这样不仅能给孩子足够的安全感，还能够帮助孩子养成集中注意力学习的好习惯。所谓"高质量的陪伴"，不是孩子坐在那里学习，父母在一旁看手机、看电视，这不叫陪伴，这样只能让孩子更难集中注意力；而是要和孩子一起看书，一起讨论，让孩子对学习中的问题畅所欲言，鼓励孩子建立自信，自己完成作业。除了一起学习，还可以一起玩游戏、阅读书籍，这些都是可以帮助孩子养成集中注意力的好办法。

（2）父母要注重提高孩子的注意力。首先，通过兴趣来提高孩子的注意力。要想孩子做到学习时集中注意力，除了目标明确、意志力强之外，还要有对学习任务的兴趣。因为兴趣是最好的老师，孩子能对所学科目持积极态度，这是注意力能够高度集中的最重要因素。

培养孩子兴趣的方法有很多，前面已经多次提到，这里给父母们一个最普遍适用的建议，那就是知识的实际应用。

孔子说："学而时习之，不亦说乎？"若能够经常将学到的知识用于生活实践，孩子就会对知识充满了好奇和兴趣。比如，生活中的现实问题如何用数学模型来分析、红绿灯问题可以用二元一次方程来解答、抛石块问题可以用一元二次方程来表示等。

其次，通过课堂上的听讲来提高孩子的注意力。如何做到听课专心，有一个技巧就是让孩子养成提问的习惯，孩子可以利用提问的机会向老师发问，也可以在笔记本上记下有关问题，课后找老师解决。另外，记笔记也非常重要。如果孩子能一边听课，一边将老师讲到的要点、重点和难点及时记录在笔记本上，就会紧跟老师的进度，不会走神。

最后，通过自学来提高孩子的注意力。下面有几个小技巧，可以帮助自学的孩子把注意力保持得更长久一些。

①开始自学时，要求孩子先设定任务，明确学习目标，并且限制时间。有一定的学习压力才能使孩子更集中注意力。②利用辅助工具。比如，在复习和阅读时，有针对性地写笔记和看笔记，这些都有助于保持注意力的集中状态。③用主动探究的方法读书。所谓主动探究的方法是指除了要读懂课本的内容外，还要求孩子加上自己的见解，想出更好的结果或

者其他的解法；思考目前学习到的内容有何联系，能否引申和应用；如何将这些知识归纳总结形成自己的体系。主动探究的方法不仅能让孩子提高注意力，而且能够帮助孩子加深对知识的理解，举一反三，提高学习效率。

（3）克服一些不好的习惯。

读书时不可摇笔。很多孩子都有这个习惯，学习时，一支笔在指头间转来转去，转得神乎其技，却是妨碍注意力集中的因素之一。

尽量不要养成读书时听音乐的习惯，可在读书的间歇选择听音乐放松。

不要一有问题就问老师和同学，最好鼓励孩子自己钻研，实在弄不懂时再问。经常不经研究思考轻易问别人，会让孩子养成浮躁、不求甚解的毛病。

（4）适度放松和休息。学习注意力和睡眠、休息有很大的关系。在学习和生活中，一定要注意帮助孩子做到劳逸结合。其中，睡眠是必须要保证的，通常每天不能少于 7 小时的睡眠时间。一味靠压缩睡眠来延长学习时间的做法是非常不可取的，既会影响学习效果，又会对第二天的学习造成困扰，同时也会对身体产生不良影响。

另外，在学习之余，鼓励孩子适度放松和休息也是非常必要的。研究表明，如果人们在一天中经常进行放松休息，那么他们的工作和学习效率将会高很多，注意力也会相应提高很多。

2. 影响孩子注意力的外因

上一节，我们谈到了如何提高孩子注意力的问题，但事实上，还有很多外因，也会分散孩子学习时的注意力。这些外因主要有以下几类：

无关刺激的干扰。如外部环境的色彩、音响、流动的人群和车辆等都可能分散孩子的注意力。

疲劳。由于孩子神经系统的耐受力较差，如果长时间处于紧张状态或从事一种单调的活动，就会疲劳，从而无法集中注意力。

孩子对某些事物不感兴趣。如果父母要求孩子所做的事过难或过易，都不利于孩子集中注意力。只有当未知内容与孩子的已有知识经验之间存在着中等程度的差异时，孩子的注意力才会被最大限度地调动起来，并维持下去。

注意力转移能力差。由于年龄的原因，孩子注意力转移的能力还没有很好的形成，因而常常不能根据需要及时将注意力集中到应该注意的事物上，这也是造成孩子注意力分散的一个原因。

接下来，针对这些外因，有这样几种方法可以防止孩子注意力分散：

排除无关刺激的干扰。

制订并遵守合理的作息计划。

指导孩子从事活动的质量要高。

引导孩子积极动手动脑。

孩子在六岁之前，由于生理特点，很难长时间保持有意注意。而当孩子的无意注意占优势时，任何新奇多变的事物都能吸引他。父母必须灵活地掌握一些方法，不断地变换孩子的这两种注意，使大脑的活动有张有弛，让孩子既能做好某件事情，又不至于过度疲劳。比如，可以把孩子旁边影响注意力的东西收拾干净、每天按时检查作业、每个星期或每个月向老师打电话询问孩子的学习情况及上课举手发言情况等。另外，每个星期至少带孩子出去玩一次。告诉孩子，在学校尽量做完作业。

许多学习成绩不理想的孩子，都存在一个共同的缺点，那就是注意力分散。由于注意力分散，孩子上课时思想容易开小差，阅读时不专心，做习题时错误百出，做什么事也都是漫不经心、懒懒散散、粗心大意。这些孩子只有把注意力分散的毛病克服掉才能把学习搞好。怎样做才能克服掉这种缺点呢？

（1）在上课或做作业时，要让孩子不断对自己强化事情的重要性。

"这堂课的内容很重要啊！我要注意听！"

"这本书很有意思呀！我要好好读。"

"独立完成作业是件愉快的事呀！我要出色地完成它。"

如此才能产生学习兴趣，引发注意力高度集中，从而高效学习。

（2）当孩子思想开小差时，要尽快意识到并立刻改正。

利用个人意志的力量也能控制自己的注意力，要求孩子有意识地控制住自己，不让注意力分散，开始有点困难，但一旦养成习惯，孩子就会感到集中精力学习是件很愉快的事情。当孩子有这种体会时，就说明他的注意力已经提高了。

有位专家说："专心本身并没有什么神奇，只是控制注意力而已。"

（3）培养动脑思考、区别重点的习惯。

不管是听课，或者是做作业，或者是做别的事情，都要让孩子学会动脑分析，综合比较，通过思考区别出所学内容的重点和非重点，属于本质还是现象。因为动脑思考，不仅能使孩子注意力集中，而且一旦在内容上区别出重要还是一般，孩子的认识便能得到加深，还会产生愉快的体验，使注意力集中得更久。

有的专家认为，集中注意力就是将注意力指向特定的对象，专心思考的意思主要指能够专注地思考，对有关的事物进行综合分析、比较归纳、抽象概括和系统化、具体化。

可以说所有伟大的科学家、艺术家和学者都具有高度集中注意力与思维的非凡能力。要想孩子成才，就必须训练孩子的注意力，特别要训练孩子专心思考的能力。

有的心理学家指出，具体训练应该这样做：要对每一客体都保持相当多的知觉，同时还要从众多知觉中分出主要的部分来，并把注意力集中在主要的部分上。

培养孩子注意力最可靠的途径就是，训练孩子能在各式各样的环境条件下，专心学习或工作。

一旦确定了要干的事，就要有计划、有目的地集中注意力去干，不受其他刺激的影响和干扰。

据说毛泽东在青少年时代为了提高自己的注意力，常常到繁华闹市里去读书，而且能做到不受周围环境的影响。要坚持无论是读书学习，还是干事情，都把它们当作提高注意力的机会，久而久之，良好的集中注意力的习惯就逐步形成了。

苏联心理学家普拉托诺夫说："要想使自己成为一个注意力很强的人，最好的方法是，无论干什么事，都不能漫不经心！"

3. 影响孩子注意力的内因

注意力是人体智力结构中的一个重要组成部分，即人们专心于某事物的能力。有些孩子注意力容易分散，对学习缺乏兴趣，不善于支配自己的行动；也有些孩子做事三心二意，常常半途而废。父母如果对这些行为不采取措施纠正，久而久之孩子就会养成一种坏习惯，对任何事物都难以进行深入的思考，这对于孩子的学习、成才都会带来极大的不利影响。

父母都应知道，身边这个"小活宝"是自己一生中最重要的创造，对他的不良行为如果保持长久的忽视，就会给孩子的将来造成难以弥补的损失。所以，父母要冷静细心地观察孩子的行为，找出孩子不专心的内因，并耐心地帮助他加以解决，以便完善孩子智力的发展。

影响孩子注意力的内因主要有以下几个方面：

（1）生理方面。对于低学段的孩子来说，由于大脑发育尚不完善，神经系统的兴奋和抑制过程发展不平衡，故而自控能力差。父母要意识到这是正常的现象，只要教养得法，随着孩子年龄的增长，绝大多数孩子都能做到注意力集中。

（2）病理方面。轻微脑组织损害、脑内神经递质代谢异常等都可引发孩子多动症，主要表现为注意力不集中、活动过多、冲动任性、情绪不稳、行为异常、学习困难；而神经根结构或功能异常可引发孩子抽动症，除了主要表现为交替出现的刻板式眨眼、皱眉、清嗓音、扭脖子、耸肩、甩胳膊、踢腿外，也常伴有注意力不集中的现象。另外，有听觉或视觉障碍的孩子也会被误认为充耳不闻，不注意听或视若无睹，缺乏学习意愿。这些情况需要得到专科医师的指导治疗才能得到改善。

（3）饮食与环境方面。糖果、含咖啡因的饮料或掺有人工色素、添加剂、防腐剂的食物，会刺激孩子的情绪，影响专心的程度。此外，环境污染造成人体血液中铅元素含量过高也会对此有影响。

（4）家庭方面。父母的教养态度与家庭生活习惯对孩子的行为影响极大，也常是影响孩子注意力的最主要因素，但所谓"当局者迷"，父母往往无法客观地找出问题的症结所在。从下列几个方面来观察，也许可以找出一些原因。

①家庭成员的教养态度是否一致？家庭成员对孩子教养态度不一致的情况常使孩子无所适从，没有定性。

②是否太宠爱孩子，缺少行为规范？过度的宠爱会导致对孩子纵容，往往使孩子随心所欲，爱做什么就做什么，没有忍耐、克制情绪、克服困难的意识，做事自然难以静下心来进行到底。

③是否为孩子买了过多的玩具或书籍？外界刺激太多，玩着汽车又找别的玩具，一换再换。玩具带给孩子的，只是短暂的吸引，无法使孩子在玩的过程中感受到发挥想象力与创造力的乐趣。

④家庭生活步调是否太快？父母在公私两忙的情况下，凡事讲求效率，使得步调原本较慢的孩子，被迫在"快、快、快"的节奏中打转，根本无暇放慢节奏、专心地完成一件事。

⑤家里的活动是否太多？太多则无法给孩子提供安静的环境，生活总在浮躁的气氛中度过。若非自控能力很强的孩子，很难培养良好的专注力。

⑥学习的过程中是否经历了不愉快的体验？提供给孩子的教材内容太深或太浅，都不易引起学习兴趣，反而由于引导的技巧不佳，经常造成乘兴开场、大哭收场的局面，使孩子对学习产生排斥心理，学习起来自然无法专心。

⑦孩子是否有情绪上的压力？如孩子觉得自己达不到父母的期望等，这些压力都易使孩子看起来魂不守舍、注意力不集中。

⑧是否过多地批评、数落过孩子？过多的数落可能对孩子产生了不良的暗示，使他有了"反正自己怎么也干不好"的想法，从而做事时不肯专心完成它。

⑨孩子是否受到太多不良信息的影响？不好的影视作品、年龄较大孩子的不良行为，都会对孩子产生不良影响，会使孩子注意力无法集中在学习上。

那么应该如何去培养孩子注意力呢？培养孩子的注意力除了要解决上面谈到的几个问题之外，还要从以下几个方面入手：

（1）提供安静的环境。孩子生活中虽然需要团体生活的机会，但也有个人活动的时候。在安静的环境中，使心灵逐渐沉静，进而发掘学习的兴趣，以增强注意力。此外，在孩子专注于学习时，大人不宜随便打搅，应在孩子的学习告一段落时，再提出要求。

（2）陪伴孩子需要有技巧。若是孩子无法独立完成学习，大人可在旁陪伴、协助，但切忌给予过多指导。

（3）用静态的游戏延续注意力。像玩拼图、穿珠子等静态游戏可以从简单的级别开始，通过享受完成时的成就感，来训练短时间的注意力。之后，可以再慢慢加深游戏的难度和延长游戏的时间，以延长孩子的耐力，提高注意力。

从1分钟开始，孩子只要保持了1分钟的专注力，父母就予以称赞，再逐渐延长到一次5分钟、10分钟。赞赏、鼓励是提高孩子注意力的重要因素。

从孩子有兴趣的事情着手。如拿本相片簿，为孩子讲述他出生、成长的故事；欣赏孩子的劳作，听听他当时小脑袋里在想什么；观察鱼缸里的小鱼，池塘里的蝌蚪……

（4）建立秩序感。为孩子提供一个属于自己的角落，从学习整理个人物品的过程中，逐渐建立秩序感。在日常生活作息上也要有规律，因为生活规范也要建立。在执行过程中，父母要严格而不是严厉。有了良好的生活习惯，孩子学习时，注意力很容易集中起来。

（5）培养孩子做事有始有终的良好习惯。让孩子做些力所能及的事，在做事之前，父母应让孩子懂得做事的目的，并引起孩子的兴趣；在做事过程中，如果孩子遇到困难，父母要教育孩子努力克服困难，不要轻易放弃，这样孩子在做事的时候注意力就会集中，从而去努力克服困难。完成一件事之后，要及时进行鼓励，孩子就会产生一种满足感、快乐感。久而久之，就能养成善始善终的良好习惯。

4. 精神领域的学习障碍

对于个别孩子而言，的确存在精神领域的学习障碍，这时候就不是孩子厌学和抵触学习的问题了。如果孩子有明显的精神分散或者抑郁倾向，父母应带孩子到心理诊所或者医院的精神科就医。明确诊断，对症下药。

精神领域的疾患会导致自控力下降。现代科学研究表明，自控力和人的前额皮质有关。复杂的科学理论和心理学实验都已表明：意志力本身是一种有限的资源，在某些事情上消耗后，就会影响在其他事情上的意志力，但意志力可以经由锻炼而提高"容量"，充足的"容量"会让前额皮质更好地发挥作用。

为了提高孩子在学习方面的自控力，保证精力充足，就要保证孩子摄入的营养充足，并把学习安排在孩子精力充沛的时段。开始学习之前可以先补充些糖分，同时也要保证充足的睡眠和日常锻炼。

冥想也是一个可以从生理上改善意志力、集中注意力的办法。每天练习冥想相当于精神上的锻炼。最简单的冥想就是在一个无干扰的环境中闭目静坐，放慢呼吸速度，不去刻意思考。冥想时间可以控制在 5 分钟到 20 分钟之间。虽然让孩子去冥想有些难度，但是父母可以有意识地帮助孩子去放松、保证孩子充足的睡眠和日常锻炼。

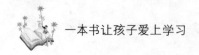

事实上，很多成年人的拖延心理，也都可以追溯到童年时期。

童年时期接触什么样的认知并不是自己可以选择的，因此不应把孩子对学习的排斥情绪看作孩子的错。认清源头的首要目的不是为了推卸责任，而是为了挖掘那些埋藏得很深，过去很少质疑的错误认知而已。如"自责内疚可以促使自己行动"，事实上很多时候自责内疚反而会增大压力，使学习积极性更差；"如果再考不好我就完蛋了"，事实上事情不是非黑即白，非成功即失败，在黑与白、成功与失败之间，还存在大量的"灰色"地带。孩子在某个科目的"失败"并不能否定他学习的全部。所以，父母不要轻易给孩子下结论，不要给孩子带来精神上和心理上的压力。

学习积极性差的根源就是孩子对学习的期望值低，缺乏自信；价值感低，即认为自己就是学了也学不会，所以觉得学习的意义不大，这种现象在孩子升入初中或高中之后表现尤为明显。为了解决这些问题，父母需要在孩子身边长期的陪伴、帮助和指引，在排除神经领域的学习障碍后，不断调整孩子的认知系统，最终树立正确的学习态度、学习习惯和学习方法。

在本书最后，附加有孩子行为量表和小学生心理健康状况测试题，父母们可以根据孩子的具体表现进行填写，以确定孩子的行为心理状况。

5. 如何引导孩子学习

在激发孩子的学习兴趣时，切忌让孩子认为"工作"是父母不得不做的，"学习"是自己不得不做的。

那么，父母应该怎样引导孩子学习呢？

（1）提供长时间、高质量的陪伴，尤其是在孩子学习时。孩子学习时，父母可以在孩子的旁边一起看书、写字，这样孩子就不会觉得孤单，不会觉得自己是被要求、被强迫的，而会认为学习是正常的生活内容。

（2）不批评、责备、惩罚孩子，而是欣赏、鼓励、支持孩子。

（3）不威胁孩子，不说"你不完成我就不喜欢你了"或者"你不听话我就不要你了"这样的话。

（4）鼓励孩子独立，接纳孩子的个性。

（5）给孩子制订恰当的规则。

为什么很多教师的孩子都比较爱学习，就是因为教师要经常看书、学习，家庭氛围比较好，所以孩子也就习以为常地认为，学习是正常的生活内容，就不容易抵触了。

不管是男孩还是女孩，都建议父母在家里为孩子设立单独的学习区，让孩子通过这种形式了解到学习的重要性。如果孩子在家里能够得到自己满意的学习区，能够让他们自由选择学习桌的颜色、学习灯的款式，甚至房间的家具样式，那么他们会非常喜欢走进学习区，这对孩子专注力、意志力和创造力的发展也大有裨益。而且，每当孩子静心在学习区里学习时，也会感到心情愉悦，充满成就感。

学习不是孩子一个人的事情，父母要尽量给孩子安排学习的时间和机会，让孩子的专注力、意志力和创造力得到保护和发展，只有这样，他们才能够更好地在课堂里听课，能够有坚强的意志力坚持完成作业，能够在克服困难中获得成就感。

为孩子提供足够的学习资源，为他们喜欢的科目提供丰富的学习机会，引导他们安静地把作业完成，并从中获得心灵的愉悦。在这个基础上，帮助孩子不断提升学习能力。

事实上，现在的孩子一般都是在学校的时间比较长，他们没有充足的时间选择学习自己喜欢的学科。所以，给孩子提供他喜欢的学习资源和学习机会，重建孩子的专注力、意志力和其他内在的发展，就是父母的责任了。如果父母不具备陪伴孩子的条件，就尽量多为孩子提供学习的时间和空间，特别是孩子在升入初中、高中阶段以后，应该给予他们更多的自由，这样做无疑将会极大地调动他们的学习积极性。让孩子在学习中，获得个体的尊严和独立自主的精神力量，通过完成力所能及的学习活动，舒展他们生命的内在发展——专注力、意志力、创造力、探索世界的勇气、身体与大脑的协调能力等。

6. 学习中的亲情互动、共同成长

在孩子的学习过程中，父母与孩子之间的亲情互动非常重要。事实上，如果孩子在学习中的好奇心和兴趣被成功开发，那么孩子内在的动力将会源源不断地被释放出来，孩子自觉自主的学习状态终将到来。

很多父母觉得自己明明做了很多努力，为什么还是迟迟看不到孩子自主学习的画面呢？

我们先列举几个画面，来看看你的家中是否也有同样的状况？

（1）孩子在扔满玩具的房间里做作业，时常走神，甚至拿起玩具玩耍，而父母一直在一旁上网或玩手机。

（2）每天很规律地监督孩子做作业，虽然眼睛一直盯着孩子，却并没有在意孩子在学习过程中遇到什么难题，甚至不知道孩子在写什么作业，心里只想着自己的心事。

（3）花了大价钱雇保姆、请家庭教师来照顾、教授上初中的孩子，辛苦赚钱给孩子买最贵最好的东西，孩子的衣、食、教育绝不能比别人差，努力去"富养"。

（4）经常一遍遍地对孩子说："爸妈都是为了你好""爸妈这么辛苦就是为了让你过上好生活""你得珍惜时间好好学习才能对得起父母"……

（5）在孩子升入初中生活完全能自理的情况下，依旧让孩子"衣来张口、饭来伸手"，替他打点好一切，总是怕他受委屈，被别的同学欺负。

（6）孩子在大多数情况下只有妈妈甚至只有爷爷、奶奶或者姥姥、姥爷的陪伴。父亲只负责赚钱养家，跟孩子沟通、陪孩子玩耍的时间很少。

尽管父母都是心系孩子成长的，可是在实际生活中，总是出现以上或者类似的状况，让父母同孩子之间缺失了亲密而放松的共同学习的机会，同时也让孩子对父母的信任大幅度下降，而这种信任是无可替代的，会让父母所有的努力事倍功半。

那么，理想中的亲情互动、共同成长应该是什么样的呢？

（1）每天有固定的亲子时间。在这段父母与孩子相处的亲密时间里，父母应对孩子保持高度专注，可以进行一些与适合孩子年龄特点的愉快对话或互动学习。当然，如果因为某些特殊情况，父母没有条件每天跟孩子在一起，那么无论是通过电话、视频或是其他通信手段，都要保证和孩子有一段亲情时光。在这段时光里，父母全身心地去陪伴孩子，让孩子感觉到爱与安全。

（2）学会倾听孩子的学习收获。父母不要轻易地粗暴打断孩子的讲述，尽量引导他完整地说出今天学习的收获。根据孩子的年龄去了解孩子的学习需求，对孩子的个性化发展进行观察，接受和欣赏他，并用恰当的口吻给予鼓励。父母要在行为上言传身教，杜绝命令式语气。

（3）给予孩子需要的学习支持。这里所说的支持，指的是与孩子共同听写、共同查找答案、共同学习等。在孩子学习的过程中，总会遇到挫折，也会发生各种疑问，父母应及时站在孩子身边，用坚定的行为和温和的语言告诉他：我们一起来解决问题。当他写错题时，帮助他分析错误的原因，而不是一味地指责孩子粗心、马虎或者训斥孩子蠢笨；当他需要选择学习的顺序和对象时，放手让他自己选，尊重他的选择并为他加油打气。

（4）请父亲一起参与孩子的学习。虽然"男主外"在我国有着很深的传统，但父亲参与孩子成长的重要性已经不需多言了。父亲即使再忙也要适当抽出时间跟孩子相处，增加亲情互动。对孩子来讲，来自父亲的肯定是非常重要的，父亲的鼓励、拥抱能让孩子感受到绝对的安全和自信。单亲家庭的孩子也需要让孩子跟另一方有定期的接触，感受来自父母的不同表达方式的爱和关心，如果另一方没有条件接触，可以从异性亲属中找出适当人选替代。

曾经听过这样一个段子，父亲对女儿说："你看爸爸每天之所以忙到半夜，是为了赚很多钱给你上最好的学校，让你穿最漂亮的衣服，将来我老了你会好好对我吗？"女儿想了想说："我也赚大钱，然后把你送到最好的养老院去。"真心希望这只是个段子。父母培养孩子，最重要的事情不是给孩子提供多好的物质条件，而是陪孩子一起成长，让孩子感受到家庭的温暖和父母永远的关爱和支持。

第四章
培养孩子的愉悦感
——让孩子成为能够快乐学习的人

1. 学习不仅仅是功课和补习班

以前，孩子们最喜欢周六和周日，因为可以不用去上学，可以和父母一起出去玩。过去娱乐项目少，一到周六、周日，特别是夏天，父母就带着孩子到附近的公园玩耍或者到野外踏青。然而现在，孩子们的周六、周日，常常被这样那样的补习班占领。即使是周一到周五，每天放学后，孩子们也是一窝蜂地去上这样那样的兴趣班，英语班、口才班、舞蹈班、科技班、轮滑班、航模班、钢琴班、声乐班……线上或者线下，天天各种紧赶慢赶，特别是那些升入初中、高中之后的孩子，课业负担就更重了。

有的父母甚至说，到了周六、周日，真的比周一到周五还累，带着孩子就像打仗一样，去上各种补习班。

事实上，真的需要上那么多的补习班、兴趣班、课外班吗？

不，不需要！

事实上，孩子每天在家里的时间又能有多久？父母和孩子聊天、一起玩的时间又能有多久？好不容易有个周六、周日，孩子又能有多少时间和父母说说心里话？

不要说一切都是为了孩子，很多时候，这样那样的兴趣班、补习班，只是为了满足父母的虚荣心。孩子真的对轮滑、游泳或者足球感兴趣吗？

为什么不能把周六、周日变成快乐的家庭日。为什么不能在这两天里做些开心的事呢？比如，一家人一起开心地做游戏、共同去采购，一起外出搭帐篷或者看电影，一起去放风筝、划船，一起做作业，一起看网课……总之，一定要一起活动。

我们并不是不支持父母给孩子报兴趣班，但前提是一定不要强迫孩子。中国有句老话，"强扭的瓜不甜"，为什么不能让孩子在宽松的家庭氛围里交替地学习、玩耍呢？为什么非要强迫孩子去参加各种兴趣班，强迫孩子去各种陌生的环境，规规矩矩坐在一个个课堂里，听老师讲各种天书一样的知识，只为了日后能够更好地展示自己呢？

学习的场合不仅仅有学校和补习班，其实生活中处处都是学习的机会。和父母一起参与家庭事务，如做饭、采购，甚至装修房子，都是学习的机会。一个懂得家庭责任的孩子，同时也会将学习当作自己的责任，独立认真地完成。给孩子各种学习的机会吧！让他负责某项家庭事务，比如，吃完饭收拾碗筷，吃饭前收拾好饭桌，负责倒垃圾，周末采购的时候负责算账，周日负责安排好下周每天的饮食搭配……因为每项生活工作，都需要认真细心，都需要一定的知识。比如，购物需要计算，安排伙食需要记录、书写，这些都能够锻炼和检测孩子的学习成果。在小学一年级的数学课本里，就有关于人民币的学习，可是现在很多孩子因为不接触钱币，连100元、50元、20元钱长什么样子都不知道。让他们负责独立采购，对他们日后独立生活大有裨益。

一个快乐的童年，是父母送给孩子最珍贵的礼物。父母的爱，对于孩子来说是一种终生携带的能量，会慢慢渗透并温暖孩子未来的人生，让孩子在失败时不孤独，被挫败后仍有勇气，在任何时候都相信爱和温暖的存在。然而很多父母却认为：不说学习，母贤子孝；一提写作业，鸡飞狗跳。所以不要让学习成为扼杀亲子关系的利器，给孩子宽松的学习环境，不要让孩子在各种补习班之间疲于奔命。

在《中国孩子幸福感调查报告》中显示，近90%的孩子都爱自己的家，83%的孩子对家庭的热爱表达非常强烈。家庭在孩子的脑中是第一重要的，而幸福的家庭给予孩子的不仅仅是快乐的童年，还有健全的人格和健康的身心成长。

在营造幸福的家庭生活中，父母应该注意以下几点：

（1）父母与孩子应该互相鼓励，彼此信任，共同成长。

（2）家庭中，通常父母占主导地位，孩子相对弱势。和谐的家庭氛围需要父母放下架子，欣赏孩子的优点，也接纳他的短处。

（3）夫妻之间的平等和相互关爱是为孩子树立的最正面的榜样。

（4）及时表达爱与赞美。父母对孩子如此，夫妻间也应该如此。

（5）让笑成为习惯，幽默成为家庭生活的元素。父母制造快乐的本领会印刻在孩子脑中，在这样的家庭氛围里成长的孩子也更容易得到快乐。

2. 孩子不是机器，你也不是

在某些有关孩子教育的图书中，提倡孩子把每天的时间都安排得满满的，钢琴、英语等兴趣班都写进了孩子的作息时间表里，有些父母们甚至在孩子出生之前就已经帮孩子做好了兴趣培养的规划。我们不倡导这种做法，因为我们不能强迫孩子去学习兴趣班里的内容，相反，我们可以启发孩子去学习他们自己感兴趣的东西。我们不要过多地要求孩子将来成为钢琴家、音乐家、科学家等，我们的孩子不一定要成为艺术家，只要他们有艺术鉴赏的能力，有艺术气质就好。

事实上，现在的大多数父母都是盲目地给孩子选择兴趣课，参考自己的意愿和周围父母的选择热点，跟风给孩子报兴趣班。而现在很多幼儿园、小学、中学，也设置了兴趣课、社团，积极鼓励父母给孩子报名。毫无疑问，父母都是爱孩子的，都希望孩子有个好前程。"孩子不能输在起跑线上"是绝大多数父母的心态，但是这并不意味着孩子就必须去上兴趣班、去报社团。

请记住，孩子不是机器，父母也不是。让孩子有了兴趣再去学习，没兴趣不要强迫。

我们曾经见过孩子去上乐高科技课的场景，三四岁的孩子，就要动手安装电扇模型，了解管道的概念；六七岁的孩子，就要学习理解气压传动的概念。我们真心建议孩子到了中学以后再去接触这些机械原理，不要过早给孩子灌输各种知识。什么时候学什么知识，就像什么年龄做什么事情一样，在 12 岁以前，对孩子来说最重要的，是要学会做人做事的道理，提高独立思考、自我约束的能力，能够自主管理情绪。一个孩子，如果从小没有正确的人生观和时间观，缺少学习的兴趣，不知道自己为什么而学，没有很好的自我管理和自我约束能力，又如何能够在未来的人生道路上，克服重重困难，健康成长呢？至于气压传动，就是成年人，相信很多人也都是不懂的，那么为什么非要强迫孩子去弄明白这么深奥的机械原理呢？如果他感兴趣还好，如果他不感兴趣，如此强迫他去学习，岂不是让他更加抵触学习，从而在学习的道路上南辕北辙了？

不要认为，幼儿园和小学的孩子的课业负担不重，如果这时候不多学点艺术类特长，大好时间都浪费了。也不要认为，在这个竞争激烈的社会里，孩子要提高综合竞争力，艺术教育、兴趣班学得越多越好。更不要认为，孩子不知道自己喜欢什么，都是学着学着就喜欢了，钢琴家小时候也是被父母逼着上课、练琴。至于让孩子从小上兴趣班，培养他的学习习惯，以免上学后坐不住，不能踏实学习的想法，其实也并不正确。

亲爱的父母们，每周末带着孩子奔波在城市的各个学习班之间，请问：疲惫的孩子会感受到你们的爱和温暖吗？他们开始时，会出于新鲜感，对艺术课程和兴趣班兴致勃勃，但随着时间的推移，孩子的新鲜感降温，就会逐渐疲劳，甚至抗拒。

艺术和兴趣的培养是需要长期坚持的，繁重的课程完全忽视了孩子的兴趣，变成了一种沉重的负担，所以往往会半途而废。甚至有些父母在孩子放弃一门课程后，转头就替孩子选择了另一门课程，可是报一门废一门，逐渐让孩子习惯了放弃，养成了做事缺乏耐性的毛病，甚至影响到了孩子以后漫长的学习生涯。

越小的孩子越坐不住。父母们千万不要高高在上，貌似在为孩子的未来着想，事实上却剥夺了孩子最快乐的童年时光。

素质教育并没有过错，对孩子进行艺术培养和兴趣引导也没有错。但是父母们应该怎样选择呢？

父母们应该蹲下来，从平视的角度认真观察自己的孩子。每个孩子都有自己的个性，虽然他们都对新鲜事物感兴趣，但总会有些东西，令他们产生一种特别的身心愉悦感，此时他们会表现出强烈的好奇心，并会表达想要尝试的欲望。如果孩子不能从中获得上述这种愉快的感觉，在父母刻意地引导下也不愿意参与其中，那么父母不妨换一下视角，看看其他的兴趣爱好。

列举两个父母平时观察的内容，供参考：

（1）观察孩子对音乐的兴趣。很多孩子在很小时就对旋律和节奏非常敏感。常见的表现是，当音乐响起时，孩子能随着节奏扭动身体，手舞足蹈，有时候还会跟着哼唱。父母如果发现孩子在这方面比较突出，平时可以多给孩子听音乐，并和他一起唱童谣，因为孩子的音准和乐感，决定着他在这方面是否有潜力，是否能更好地发展。

（2）跟孩子一起画画。如果小朋友很喜欢涂鸦，拿到笔就喜欢画，还可以给你绘声绘色地讲述所画的内容，这说明孩子在绘画中感受到了快乐，并且运用了丰富的想象力和观察力。此时可以尝试着让孩子去学习绘画。孩子画是主张发挥无限想象力的，不以写实为主，所以不懂绘画的父

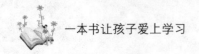

母尽量不要批评孩子画的像不像、好不好，也不要约束孩子将太阳一定画成圆形，要给予孩子自由发挥的乐趣，而不是抹杀。

素质教育、艺术教育不是教育的附属品，更不应为了将来能够给各种考学加分而进行学习，父母应放弃急功近利的想法，从孩子自身出发，进行合理选择。

不要强调孩子乐器弹得好不好，画得像不像，英语单词是否记得住，孩子兴趣教育应更注重孩子的愉悦感，让技能与情感相结合。

3. 让我们在上下学的路上一起玩耍

生活中有一个时间段，时常被父母遗忘，又或者说是太过重视，那就是上下学的那段时间。

比如，俊才的妈妈，一心想将来送俊才出国，于是从初中开始，每天上下班的路上，总是和俊才用英语对话，要求俊才背英语单词；王怡的爸爸，希望王怡成为钢琴家，于是开车接送王怡上下学的路上，都会在车里放钢琴曲给王怡听；朱彤彤的妈妈对彤彤倒是没有太多的要求，但是总爱在上下学的路上问她："你今天预习功课了吗？你今天听懂老师讲的课了吗？"原以为上学前或者放学后可以轻松愉快地休息的孩子们，却逐渐在上下学的路上，变得提不起兴趣，感受不到乐趣。

事实上，孩子也需要休息，也需要换换脑子，如果父母像唐僧一样，在上下学的路上碎碎念，那么孩子会逐渐对父母失去信任，消极抵触。让孩子们轻松一点吧！孩子也需要放松的时间，机器尚且不能连轴转，孩子更不能。

对孩子的培养，的确可以随时随地地进行，但这并不等于在上下学的路上，父母就必须对孩子进行知识灌输。教育强化，也不等同于父母可以不分场合和地点来数落、唠叨孩子。

　　我们真心希望上下学的时间，对孩子来说，是一段美好的享受。其实孩子可以在上下学的路上，一个人走，听自己踩树叶的声音；坐在妈妈的自行车后座上，体验飞一样的感觉；坐在车上，捧着爸爸刚刚给买的课外书，边看边笑；端着乒乓球拍，一路颠着球走回家……多少快乐而愉快的记忆，都发生在上下学的路上。

　　童年，最快乐的事就是做游戏，我们希望父母们都能还给孩子一个轻松愉快的上下学时光。

　　如果上下学的路上有街边小公园，那么不妨带着学习了一天的孩子，在回家途中，从小公园里穿过，这样孩子会感受到轻松愉悦，也可以感受到鸟语花香。开车带孩子上下学，如果有可能，带孩子走走靠近河边的林荫小路，让孩子感受到宁静和平和，如果孩子困了，在车上打个盹也无妨。

　　上下学的路上，哪怕和孩子聊聊自己的工作，聊聊生活中有趣的事情，聊聊孩子的六一儿童节礼物，聊聊奶奶的生日，聊聊姥爷画的画儿……都会让孩子感到来自父母的关心和生活的温馨，而不要只是一味地追问学习情况，一味地强调珍惜时间。

　　亲爱的父母们，不要以为陪孩子玩游戏是浪费时间，事实上，"磨刀不误砍柴工"，孩子们的成长表现在一点一滴的生活中，而在所有的成长中，以情感的成长最为重要。如果忽略了孩子内心的感受，忽略了孩子自身的情感成长，那么在未来，将会产生更加复杂的问题。

4. 学习的权利，请让孩子自己行使

正如著名教育家、哲学家冯友兰所说："你有才没有才，现在还不晓得，到时自能表现出来，所谓'自有仙才自不知'，或许你是大器晚成呢！"孩子有没有才华，有什么样的才华，连他自己都未必清楚，更何况是旁观的父母呢？

今天，绝大多数父母都非常重视孩子的学习教育问题，给孩子报各种学习培训班已经成了一种"标配"。奥数班、写作班、英语班、书法班、编程班、科技班、舞蹈班、跆拳道班……望子成龙、望女成凤的父母们，纷纷将孩子送进自认为可以打造孩子前途的培训班中进行学习。

那么，这些被父母送去各种培训班的孩子们，真的就愿意学、喜欢学吗？如果可以对培训班说不，相信不少孩子立即就能开心得笑出声来。其实他们并不愿意去培训班学习，但又无力反抗，每个反抗的孩子往往都会遭到父母的斥责，什么"为你好""怎么这么不懂事""就知道玩呀""别的孩子都去学，怎么就你不愿意"，等等，一系列冠冕堂皇的理由全都会蹦出来。迫于父母的压力，孩子最后只能妥协。就算处于初中、高中阶段的孩子，他们也无力反抗父母的决定。

就这样，孩子们从一个课堂里出来，又走进了另一个课堂，不间断地培训、培训……然而一直被父母支配的孩子，是不可能在学习上具有良好自控力的，一旦脱离父母的掌控，他们就会迅速被打回原型——写作业拖拉、父母不盯着就不学……

虽然父母望子成龙、望女成凤的心情可以理解，但对于孩子来讲，这种一个培训班连着一个培训班的填鸭式学习，往往会严重挫伤他们的学习积极性，同时，对培养孩子的学习自控力也没有半点好处。

娜娜原本是一个活泼爱笑、充满好奇心、求知欲很旺盛的孩子，从幼儿园升入小学后，娜娜妈生怕女儿在学习上落后，憋足了劲儿要将女儿培养成高材生，于是给娜娜报了不少学习班：拼音班、阅读班、英语班、数学班……此外，还有诸如绘画、音乐、舞蹈等特长班，娜娜的时间被安排得满满当当，一家人都跟着紧张得不行。

每天娜娜一放学，妈妈便立即带着她飞一样赶去上英语课，因为时间紧张，娜娜的晚饭都是在路上仓促吃点三明治解决的。好不容易英语课结束了，那边阅读班又开始了……六岁的娜娜每天都要在各种培训班学习到晚上十点才能回到家。

短短不到半年的时间，原本求知欲旺盛的娜娜变得越来越沮丧，越来越不喜欢学习，在学校里学习时，注意力也越来越不集中，每天上课都一脸颓丧，甚至出现了厌学情绪，时不时就会假装生病来逃避学习。这时，娜娜妈才意识到自己给孩子安排的学习任务过多，已经给孩子造成了负面影响，尽管她立即调整了学习安排，但娜娜的厌学情绪还是越来越严重了——她拒绝出门，连平日里爱去的学校也不肯去了，只想待在家里。只要家人提出要带她出门，不管是什么原因，她都会大哭，会立即躲到床底下，怎么说也不肯出来。

娜娜妈急坏了，赶快带孩子去看了心理专家。心理专家对娜娜的情况做了分析，认为娜娜妈急功近利的行为伤害到了孩子的心灵，不停地奔波，让孩子认为自己的家没有了，那个可以让她休息和放松、享受温暖的地方没有了，所以出于对家的保护，孩子选择待在家里不出门。她觉得除了家里，在外面的每一刻都很痛苦。

让孩子学习知识原本是件好事，但父母们切不可一厢情愿地强迫孩子学什么、怎么学，而是应当将学习的权利还给孩子，让孩子根据自己的爱好或特长选择一些自己喜欢的学习科目。这样一来，孩子和父母都会觉得轻松，学习的效果也会事半功倍。

其实，孩子学习的内容不仅限于课本知识和特长，很多实践的经历也是一种宝贵的财富。正所谓"读万卷书，行万里路"，父母带孩子出去旅游也是一个非常好的学习机会，可以让孩子了解一个陌生城市的文化、生活方式、风土人情，非常有助于开拓孩子的眼界，也有助于激发他们的学习兴趣和学习热情。

关于课外要学习的内容，父母应在孩子自愿的前提下有选择地帮助孩子安排，千万不能越俎代庖，不顾孩子的兴趣爱好强迫其服从，这样做不仅不能达到预期的目的，还会伤害到孩子的学习热情，损伤孩子的学习积极性，造成厌学等严重的心理创伤。喜欢学什么只有孩子自己最清楚，父母不能打着为孩子考虑的旗号剥夺孩子自主学习的权利。只有把学习的权利还给孩子，让他们自己支配，才能为培养孩子的学习自控力创造一个好的环境和时机。

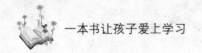

5. 学习是自己的，时间是共同的

其实很多父母最需要注意的，是孩子在学习过程中的时间消耗。很多父母都说孩子做作业时磨蹭、注意力不集中，然后干脆自己陪着孩子做作业。在关于陪不陪孩子做作业这件事情上，一直有争议，争议点在于"陪伴"这个词上。

提倡不陪伴的人认为，父母陪孩子一起做作业，容易让孩子产生"作业是我为你们而完成的"的心态，除了影响孩子的独立能力外，还会让孩子产生不情愿的心态。主张陪伴的人认为，孩子的心智发育还不十分健全，容易分心走神，父母的陪伴，可以督促孩子养成良好的学习习惯，提高学习效率。

其实"陪伴"只是个形式上的概念，前文也列举了许多父母陪伴时心不在焉的例子，可见并不能说陪伴就一定有好的效果。不陪就一定没有好的效果。关键是父母能否通过陪伴，帮助孩子在童年时培养一个良好的学习习惯，这对孩子未来的独立学习之路是无比重要的。

当父母留心观察孩子做作业时出现的问题后，不难发现，其实那些让父母头痛的问题是非常熟悉的，分心、拖拉、小动作、无条理性……孩子的天性就是如此，每个父母在小时候也同样有着类似的动作。所以，父母们，让我们跟着孩子再一次地成长吧，一起建立良好的学习习惯。

首先，父母必须让孩子明确一件事情，那就是作业是他学习内容的一部分，而且是他必须独立完成的部分，就像吃饭、睡觉一样是自然而然的事情。

让我们一起看看，在孩子做作业过程中常见的问题及解决办法。

（1）磨蹭，时间观念差。这几乎是孩子们的通病，因为父母总是在生活中提醒孩子"该起床了""该吃饭了""该写作业了"……使孩子完全没有管理时间的概念，对于作业写得慢，拉长了时间，可能会影响其他事情甚至睡眠的情况没有任何意识。

解决办法如下：

父母可以跟孩子协商，假定做作业的过程是考试，有时间限制。如果提前完成就可以提前出考场，剩余时间自我安排，做不完则要有小惩罚。这样既训练了孩子做作业的速度，同时因为"考试"得分的设定，也能提高作业的质量。

（2）丢三落四、无条理的小迷糊。很多孩子写作业效率很低，写到半截发现铅笔不够用，得现削一支；橡皮丢了，得翻箱倒柜再找一块；这科作业写一半，想起另外一科作业再去写两笔，有时甚至不记得作业究竟有哪些……之所以家有"小迷糊"，并不是孩子的性格如此，而是父母为孩子代劳太多造成的，如起床帮他穿衣，上学帮他装好书包，等等，这样做让孩子缺失了对做事的顺序和条理性的训练。

解决办法如下：

在做作业之前，先和孩子把当天的作业在纸上罗列出来，然后检查文具、书籍和作业本是否齐全，再开始逐科做作业。

平时生活中，父母应以身作则，养成有条理地做事情的习惯，这样才能潜移默化地影响孩子。父母要交会孩子合理安排做事的顺序，让孩子合理安排自己的生活和学习。带领孩子有条理地完成家务，并让孩子独立做力所能及的事情。

（3）注意力不集中，小动作太多。很多孩子写作业时东看西看，抠手指、玩橡皮，反正就是不专心，作业做得拖拖拉拉，父母只能在一边干着急。

解决办法如下：

首先，安静的学习环境是很重要的。孩子在学习时，父母尽量不要大声聊天或者看电视，这样都容易让孩子走神。孩子做作业的书桌，也是简洁为好，不能摆放令他分散注意力的东西。

其次，有些父母觉得孩子做作业辛苦，中途端茶递水果，总是过来探看，其实这也是在打断孩子做作业的氛围。喝水、吃水果要尽量安排在做作业之前或是作业完成之后。

最后，低年级的孩子本身注意力集中的时间就较短，一般在 15~20 分钟，如果连续学习时间太长，就必然会分心走神。所以针对低年级的孩子，可以将作业分成 2~3 段完成，每段间隔 20 分钟，就像课间休息一样。随着孩子年龄的增长和好习惯的养成，在升入初中阶段后可以逐渐延长每段的学习时间，直至取消分段。

平时生活中父母可以尝试做一些有助于孩子集中注意力的训练，像阅读和学习棋类都是不错的选择。

（4）作业不会做，学习有困难。学习过程中，孩子难免会遇到不会做的题，甚至有些孩子对学习本来就缺乏兴趣，做起作业来，自然是"磨洋工"了。

解决办法如下：

孩子一般碰到不会做的题目，不会空过去，而是马上跑过去问父母。等父母讲解完了，再往下做。没多久又遇到不会做的题目，就再去找父母。这样反复折腾，不但浪费了时间，还打断了孩子做作业的节奏。父母可以教给孩子做作业的顺序，如果遇到困难的题目，可以暂时空过去，等到其他题目完成后，一起拿来请教父母。

对于学习兴趣不浓厚的孩子，父母也不应该一味批评，要放下"身段"，用平等的语气跟孩子谈谈心，探讨一下根源，这才是解决问题之道。无论是增加学习的趣味性，还是制定适当的奖惩制度，都比盲目训斥的效果更好。

有些父母一定会说，那孩子做作业的时候，父母岂不是一点声音也不能出，什么都不能做了吗？不是的。榜样的力量是无穷的，在孩子学习的时候，父母也可以利用这个时间，进行专业知识的学习。试想一下，在书桌旁做作业的孩子，偶然抬头一瞥，父母也在一旁认真安静地读书学习，这不正是我们心里和谐又温馨的家庭画面吗？

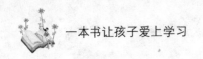

6. 如何"对付"不想学习的孩子

如何"对付"不想学习的孩子？这里有一个特殊的招数，那就是让孩子先玩。

我曾经接触过一个母亲，她的孩子在小学三年级的时候，开始出现极度厌学的现象，当时所有人都劝她送孩子去这样那样的培训班，好好"板一板"孩子，她也尝试过，可最终还是没有效果。她最终送孩子去了少林武术学校，她说，孩子对一切都排斥，唯独对武术比较感兴趣。

当时所有的亲朋都劝她，包括孩子的父亲也强烈要求她把孩子从武术学校接回来，但是这位母亲却执意坚持。她说了一件事，说完后让所有的亲朋都沉默不语。

她说，有一天，她早上要送孩子去上学，孩子蹲在卫生间里不出来。对于孩子的逃学，她早已没了耐心，气急败坏地敲着卫生间的门，最后，她干脆踹开了门，冲了进去。却看见孩子孤伶伶地坐在马桶上，一脸的茫然，整个人呆滞不堪。就在那一瞬间，她突然心软了，她不再相信老师的话，不再相信亲朋的话，因为她看得见，孩子不快乐，不开心，孩子害怕和拒绝上学。如果再逼着孩子去，她真怕孩子会越来越呆滞。

就在那一天，她第一次开诚布公地和孩子说："你可以不去学校，但是你要有一技之长，你要安排好自己的生活，对自己的未来负责，父母不可能陪你一辈子，也不可能照顾你一辈子。"

原本对抗的母子关系，就从这一天起，开始慢慢解冻。

开始的一段时间，孩子提出各种天真的想法，比如，自己想打电脑游戏，打游戏可以获得装备，装备可以卖钱，有了钱，就可以养活自己，养活父母。这位母亲就提出，挺好啊，不过这样能赚多少钱呢？再说天天坐在电脑前，眼睛会坏吧，身体也不会太好吧？过了一周，孩子又提出一种想法，说自己想出去打工，自己会写字会算算术，可以去商店里当营业员。妈妈就说，是挺好，可你年龄太小，没有商店要你。不过妈妈还是很积极地给孩子介绍了一家亲戚的小店铺，让孩子去做售货员。结果就做了一周的售货员，孩子就不愿再去了。再后来，孩子又做了这样那样的尝试，最后，孩子决定去少林武术学校学武术。这是孩子真的认为自己能坚持下去的一个目标，孩子在第一个学期，表现得非常积极；在第二个学期，整个人都有了活力；到第三个学期，孩子开始寻找各种"表现"的机会，在武馆里做兼职，在孩子培训班里教孩子散打。看到孩子的变化，这位母亲终于觉得欣慰了，不管孩子的选择是否"高大上"，但至少孩子有了活力，体会到了生活的乐趣和学习的动力。而母子关系，也在母亲的宽容下，逐渐和谐起来。

那三年，母亲扛下了所有的压力，不管是来自孩子父亲的，还是来自孩子过去的老师的，还是来自亲友的，无论是责备还是鄙视，都一概扛下。她要的，就是孩子快乐开心的成长，如果孩子整个人都变成了沉默的羔羊，那么即便是按照上学计划行走在初中和高中校园里，他依旧不快乐，依旧不会充满活力。

　　这个孩子，在少林武术学校一学就是六年，六年后，当别的孩子初中毕业的时候，这个孩子开始做武馆的教练。年复一年地学习武术，终于有一天，这个孩子竟然得到了国外某武术俱乐部的邀请函。这个消息让孩子的母亲颇感意外，谁也没有想到，他会有外国的朋友，要知道，他连英语课程都没有学过。结果孩子是这样回答的：我有的学生是外国孩子，而且我在网上有外国的网友，是他们给了我一些信息。

　　现在，这个孩子在国外一家武术俱乐部里当教练，他同时也在国外学习拳击。现在，孩子的父亲不再阻拦，因为孩子出国的费用全都是自己赚的，孩子母亲一年大约有半年时间在国外陪孩子。

　　这个孩子的成长虽然是特例，但是，对于广大父母来说，却也有参考价值。如果孩子实在不愿意学习，那么不妨让孩子先玩，等孩子玩到腻烦了，就会主动去学习；要么孩子会找到自己的兴趣，玩出成绩。但不管怎样，孩子的情绪就像洪水，不能堵，只能疏，顺其自然，孩子终究会有自己的出路。

第五章
方法不对，努力白费
——帮孩子找到"对"的学习方法

1. 学习事倍功半，可能是方法不对

"我家孩子，学习可认真了，每天除了吃饭、睡觉，其他时间几乎都在学习，可不知道为什么，成绩还是不好，看着孩子学得那么辛苦，我也不忍心说孩子什么，真不知道是哪里出了问题，为什么孩子学得那么努力却没什么效果呢？"

"都说学习方法最重要，为了帮孩子找到好的学习方法，我都已经是多半个学习方法大师了，从各位专家到各省高考的状元，再到各个学校的学霸们，给孩子搜罗的这些学习方法没有一百也有八十了，怎么放到我家孩子身上，就一个有用的都没有呢？"

"为了提高孩子的学习成绩，我们一家人想尽了办法，家教也请过，培训班也上过，也找名师给指点过，可孩子在学习上完全没有半点起色，大把大把的金钱、精力投入，如泥牛入海，一点响声都没听见，真是愁死人了。"

······

一说到孩子的学习，绝大多数父母们肚子里都有说不完的话。除了"天赋异禀"的学霸孩子父母可以不怎么操心，其他的父母们则是各有各的苦恼之处，但其中有很大比例的父母，其所烦恼的核心问题都是孩子的学习效率不高。

　　同样是做一道题，有的孩子不到五分钟就做完了，而且解题步骤完整、答案正确、思路清晰；有的孩子虽然花的时间多点，但一般八分钟、十分钟也能做完，且答案正确；还有的孩子光看题目就憋了半个小时，还是毫无思路，甚至老师或父母讲了好几遍，孩子还是一副"迷茫""摸不到头绪"的样子……

　　为什么孩子在学习上的效率差异如此之大呢？除了孩子的智商、思维方式和个性导致的差异之外，其中最主要的原因就是学习方法的不同。

　　如果你的孩子学习非常努力，但常常都是事倍功半，那么很可能是学习方法不对。正所谓"方法不对，努力白费"，所以千万不要忽视孩子的学习方法，在现实生活当中，一定要让孩子避免陷入以下的学习误区。

　　（1）不可盲目学习他人的学习方法。世界上没有万能的学习方法。因为每个孩子的思维方式、个性不同，理解能力也有差异，学习速度更是有快有慢，所以那些学霸们的学习方法并不一定适用于你的孩子。其实学习方法没有对错之分，重要的是要让孩子找到适合自己的学习方法。

　　父母要注意观察孩子的特点，总结孩子的优缺点，然后根据孩子的独特性及学习情况，来选择或制订孩子的学习方法。

　　（2）别让孩子超长时间学习。学习是一件非常耗费脑力的事情，如果孩子总是超长时间学习，那么大脑必定长期处于疲劳状态，而处在疲劳状态下的大脑，思考速度会变慢，即便是非常聪明的孩子，长时间学习也会头晕脑涨，很难保持好的学习效果。此外，过度学习还会给孩子造成生理和心理上的压力，可能会激发孩子的厌学情绪。

　　即便孩子的学习成绩很差，父母急于想提高孩子的学习成绩，也千万不要让孩子超长时间学习。学习应该是适度的、劳逸结合的，只有这样才能让大脑保持活跃，让学习变得轻松高效起来。

（3）挑战难题要谨慎。有些孩子在学习上有些好高骛远，基础都没打好，就主动去挑战难题了。实际上这种"揠苗助长"式的学习方式是非常不明智的，俗话说"磨刀不误砍柴工"，打好基础才是最重要的事情，只有基础打牢了，才能建成高楼大厦。如果在基础不牢的情况下就直接上手所谓的难题，不仅会花费大量时间、精力，而且并不一定能得到自己想要的学习效果。

对于学习基础不太扎实的孩子，父母一定要引导孩子多打基础，如果孩子要挑战难题，也请先对学习基础进行评估后，再谨慎决定要不要挑战难题，以及在难题上花多少时间精力合适等。

（4）不要替孩子制订学习目标。有些孩子，虽然有明确的学习目标，但学习目标和计划并不是自己的想法，而是完全按照父母的心愿来制订的。作为父母，你替孩子制订过学习目标和学习计划吗？你家孩子现在的学习目标和学习计划，是孩子自己认同的吗？其中有没有孩子不想做的部分？学习始终属于孩子个人的事情，父母只能协助，不能越俎代庖，更不能完全用自己的意志去替孩子制订学习目标和学习计划。

2. 了解孩子的思维和学习特点

处于不同年龄段的孩子，其思维特点是不同的，而思维特点直接影响着孩子的学习情况。如果给一个幼儿园的小朋友讲函数，即便是多么聪明的孩子，多么高明的老师，也很难让小朋友真正理解关于函数的知识，这是因为幼儿园的小朋友还没有形成系统的抽象思维，他们对知识的认知都是建立在具象思维之上的，如掰着手指头数数，看着图画识别不同物体，等等。

中国父母普遍重视对孩子的教育，尤其是为了"不让孩子输在起跑线上"，给孩子报了很多课外学习班。目前，市场上的学习班五花八门，所教知识的深浅度也各不相同，作为父母，要想在众多的学习班中找到最适合孩子的学习内容，就必须要了解孩子的思维特点和学习特点，以免"过度超前学习"伤害了孩子的学习积极性。

总的来说，孩子的思维会经历一个由低级到高级，由具体到抽象，由不完善到逐步完善的发展过程。在不同的年龄阶段，孩子的思维都有其各自的特征。

（1）从幼儿园阶段到小学低年龄阶段。这个年龄段的孩子，思维的主要特点就是以具体形象思维为主。具体表现为他们的思维一般无法离开事物的具体形象，比如，数数或计算时，常常需要借助手指头等实物来辅助；对概念的理解会明显受到感性经验和直观特性所支配，不容易理解概念的本质，比如，问他们"什么是警察"，他们往往会回答"××的爸爸是警察""警察局里有警察""警察会抓坏人"等，至于警察的本质特征，他们还很难掌握。

体现在学习内容上，这个年龄段的孩子能够理解具体形象类的知识，也能理解一些稍微有些抽象的词语、公式等，但其理解人仍然具有很大的具体形象性。比如，学习寓言故事《狼和羊》时，虽然能理解狼如何欺负小羊，但还不能理解寓言背后的真正意义，能理解《狼和羊》讲了一个什么故事，但对于这个故事说明了什么问题还不甚了解。

因此，给这一年龄段的孩子安排学习任务时，一定要以此为根据，多给孩子安排具体形象思维的学习任务，少安排考验抽象思维的学习任务，并尽可能选择那些难度低的。

（2）中年级阶段。这个年龄段的孩子，思维的最主要特点是处在由具体形象思维向抽象逻辑思维的过渡阶段。在这一时期，孩子的思维已经可以在一定程度上脱离事物的具体形象，可以直接通过表象和概念进行思维，比如，计算简单的加减法不需要再数手指，可以直接在大脑中进行计算并写出正确答案。

此外，这一年龄段的孩子开始能够以抽象逻辑思维为基础进行推理，但还是需要借助于直观形式或熟悉的事例加以具体化，从而顺利实现推理。比如，说到"为共产主义而忘我牺牲的人"，他们往往会将邱少云、黄继光等具体的英雄人物形象与之联系起来，再进行以此为基础的推理。

体现在学习内容上，处于这一年龄阶段的孩子，理解能力有了非常大的提高，不仅可以直接理解，还可以间接理解，能分辨事物的因果关系，可以理解比较复杂的应用题。在语文学习上，通过阅读课文中的内容，可以理解文章的主题，也能理解寓言的真正意义。

（3）高年级阶段。这个年龄段的孩子已经拥有非常发达的抽象思维，并且抽象思维占据着主要优势，可以学习比较抽象的知识，能够进行比较复杂的计算，基本上能看到概念的本质特征，比如，同样是对警察的理解，许多高年级学生就能撇开"警察会抓坏人、穿警服"等非本质特征，指出警察是具有武装性质的维护国家安全和社会治安秩序，在警察机关中行使警察职权，履行警察职责的国家公职人员。

处于这一年龄段的孩子，其判断推理能力有了更大的进步，对自己做出的判断，不仅能直接论证，还可以间接论证，能明确分清楚什么是主要的，什么是次要的，可以进行演绎推理、归纳推理，理解力也有了进步，能理解寓言劝喻或讽刺的对象。

总的来说，不同年龄段的孩子，其思维特点是不同的，适合学习的内容也有较大区别。父母一定要以孩子的思维特点为依据，为其制订适宜的学习计划，切不可操之过急、揠苗助长。

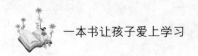

3. 一针见血，找到"对"的学习方法

学习方法，顾名思义就是通过在学习过程中摸索、总结出来的能够更快掌握知识的方法。由于每个孩子的先天条件不同，所以在具体学习实践当中选取的学习方法也不同。有些孩子背诵时，不出声的默背效果好，有些孩子则是大声朗读背诵的效果更佳，有些孩子习惯一边抄写一边背诵，还有些孩子可以速记，常常是考试前突击速记，考完很快又忘记……

随着孩子逐渐长大，父母们会发现，孩子升入初中以后，自己明确意识到了学习的重要性，也想成为一个学霸让同学们仰望。但现实往往是残酷的，虽然绝大多数孩子在学习上是有上进心的，但真到了现实当中，学习起来却常常是力不从心的，往往并不能达成自己预定的学习目标。

那么，问题究竟出在哪里呢？其实，这样的孩子只是缺少一个适合自己的学习方法。身为父母，我们要想帮助孩子提高学习成绩，就一定要先帮助孩子找到"对"的学习方法，有了"对"的方法，就等于有了促进孩子学习进步的金钥匙。

需要注意的是，学习方法关键还是要靠孩子自己在学习过程中摸索、寻找，父母们直接"拿来主义"的学习方法，没有孩子自己的感悟和理解，往往会出现"橘生淮南则为橘，生于淮北则为枳"的情况。所以父母们切记不可越俎代庖，而是应该从旁做好协助性的工作。实际上帮助孩子找到"对"的学习方法并不难，父母们可以这么做：

（1）认识到孩子的特殊性。正如世界上没有两片完全相同的树叶一样，世界上也没有两个完全相同的人，每个孩子都是独一无二的，都有各自的特殊性，都有各自的个性和兴趣。兴趣是学习最好的老师，适合孩子的学习方法一定是建立在孩子的兴趣之上的，父母一定要尊重孩子的学习兴趣，不要因孩子喜欢学英语，不爱学数学，因而在英语上花费的学习时间多，数学上花费的学习时间少而训斥孩子。父母一定要重视孩子的个体差异，充分考虑孩子的优势智能，注重孩子的兴趣和个性培养，只有这样才能帮助孩子找到适合自己的"学习之匙"。

（2）让孩子高效地学习。虽然人们常说"一日之计在于晨"，早晨是最适合学习的时间，但实际上每个孩子的身体机能都是有差异的，生活习惯也不尽相同，有些孩子是"夜猫子"，早晨起床困难，即便父母把孩子从被窝里早早拖出来学习，也是一脸没睡醒，迷迷糊糊的样子，而一到了傍晚，孩子精神特别好。对于这类"夜猫子"型的孩子，与其让孩子早晨早起无精打采地学习，不如让孩子在精神最好的傍晚学习更有效果。

不同的孩子，精神、记忆力、学习效率在不同的时间段都有差异，有的孩子早起记忆力最好，有的孩子睡前能发挥记忆的最好效果，父母一定要留心孩子在不同时间段的学习效率情况，以便根据孩子的具体情况来安排孩子的各项学习任务，让孩子更高效地学习。

（3）让孩子快速进入学习状态。就像电脑都有一个开机时间一样，人的大脑在进行学习的时候，也有一个进入状态的过程，这个过程有的孩子快有的孩子慢。要想让孩子快速进入学习状态，父母们需要掌握一些教育小窍门。拥有教育研究经验的教学专家认为，鼓励孩子适当多看书，陪孩子适当进行体育锻炼，不给孩子过多的压力，都会有助于让孩子保持一个平和的心态，从而有利于孩子更快进入学习状态。

需要注意的是，父母千万不要在孩子学习前责骂、斥责孩子，要知道人的情绪拥有非常强大的影响力，一个情绪不佳的成人都会无心工作，更何况是情绪调节能力比较差的孩子呢？在学习前，如果孩子的情绪波动过大的话，是很难顺利进入学习状态的，父母要尽可能让孩子拥有一个稳定平和的情绪。

（4）训练孩子解决问题的能力。实际上孩子学习的过程，就是一个不断遇到问题、解决问题的过程，倘若孩子一遇到问题就退缩，一遇到难题就直接忽略、跳过，那么这样是很难取得好成绩的。父母要有意识地训练孩子解决问题的能力，让孩子养成刨根问底、较真的思维习惯，如此一来，孩子一旦遇到学习上的问题，自然会主动一个一个去攻克，从而在解决问题的过程中不断提高自己的学习能力。

4. 点式检查法：让孩子不再马虎

"我家孩子特别聪明，难题也能一琢磨就知道怎么做，可就是太马虎了，每次考试都是丢三落四，光是忘记在试卷上写名字就有好几次了，还有少写了小数点的、丢掉步骤的，导致每次考试成绩都不理想。说了好多次，怎么让孩子认真一点就那么难？"

"老师布置了抄写课文的作业，我家孩子都能抄成东少一个字，西少一行，左缺一句话，右少个标点符号。连最基本的抄写都能错漏百出，说他'马大哈'真是一点没冤枉他。"

……

在现实生活当中，抱怨孩子学习马虎的父母有很多，绝大多数父母都会通过"督促孩子要检查""唠叨孩子要认真点""孩子因马虎做错题后罚抄来让孩子长记性"等教育方式来处理，但在没有了解孩子粗心、马虎原因的情况下，就粗暴地采取这些教育方法，实际上是不妥当的。

虽然孩子马虎、粗心的表现大都是类似的，但不同的孩子粗心、马虎的原因却各有不同，只有深入了解了原因，才能做到对症下药，让孩子不再马虎。

一般来说，孩子粗心、马虎的原因主要有以下几种：

（1）学习任务过重。当学习任务过重，学习时间过于紧张时，孩子往往会自乱阵脚，情绪上变得急躁，并采用加快速度的方式来应对任务过重或时间不足带来的压力，如此一来就容易出错。平时不严格限定时间的作业都能完成得很好，而一到了严格限定时间的考试就立马变成"马虎大王"的孩子，大多都属于这种类型。对于这样的孩子，父母千万不要责备孩子的粗心和马虎，否则只会加剧孩子的心理压力，更不利于考试时情绪的稳定。比较可行的做法是，父母可以在家设置模拟考试，让孩子逐渐提高适应性，这样一来，即便是在有压力的情况下，孩子也能保持镇定，一步一步认真做题，减少粗心、马虎导致的错误。

（2）注意力不集中。有的孩子注意力不集中或者注意力集中的时间偏短，在写作业或者考试的时候，刚开始还很认真、仔细，可没过一会儿注意力就被其他事物分散走了，不是想着什么玩具好玩，就是想着去买什么好吃的……俗话说"一心不可二用"，孩子三心二意的后果自然是粗心、马虎。对于这类孩子，父母最需要解决的是孩子的注意力问题，只有让孩子把注意力集中到学习上，才能改善孩子的粗心、马虎问题。

（3）凡事"差不多"的坏习惯。有些孩子的粗心、马虎不仅仅体现在学习上，在生活当中也是如此，去学校常常是忘带课本，没拿文具……这样的孩子其实已经养成了马虎的坏习惯，他们做什么事情都不认真，也没有认真的意识，觉得凡事"差不多"就行，没必要太认真。不改变孩子的这种坏习惯，孩子就不可能克服学习上马虎、粗心的毛病。对于这样的孩子，父母要从改变其不认真的坏习惯着手。

点式检查法对于改变孩子的粗心、马虎非常有用。不管是因学习任务过重导致的粗心，还是因注意力不集中带来的马虎，抑或者"差不多"坏习惯引起的不认真，点式检查法都能发挥作用。

　　所谓"点式检查法"，就是让孩子用"点式"阅读的方法去检查自己的试卷或功课，"点式"即一个字一个字地看。一般来说，孩子在检查时常常是一眼一行甚至是一扫而过，这样检查自然不容易发现问题，而点式检查法则很好地解决了这一问题。

　　此外，点式检查法可以让孩子更有耐心，长期使用这一方法的孩子，能够形成耐心、认真的好习惯，对于彻底改善马虎、粗心非常有效。

　　可能有些父母会有这样的疑惑：如果是因学习任务过重或时间过紧而导致的马虎，孩子本来就时间不够用，可能做完之后连检查的时间都没有，又怎么能进行"点式检查"呢？不管是考试还是写作业，检查都是提高正确率必不可少的环节，父母们可以从提高孩子的时间效率着手，如果孩子的思维速度提升了，那么做题速度和检查速度自然也会提升，如此一来自然也就没有时间不够用的问题了。

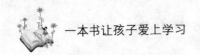

5. 最后期限法：强化学习的时间观念

现在的孩子大多数都没有时间观念。就算升入初中了，时间观念还是无从谈起，学校留的作业好多都是拖到最后才写，上课迟到也是家常便饭。但这些现象可能都没有引起父母的足够重视，其实这是十分消极的学习习惯。

在这个竞争激烈的信息化社会，时间意识有时代表着信用，有时代表着能力，有时代表着效率，有时代表着效益。没有时间观念的人，在现代社会是很难立足的。

现代社会，物质极其丰富，吸引孩子目光的东西太多，孩子的意志力又不强，这是导致孩子学习时缺乏时间观念的一个重要原因。同时，现在的孩子都是家里的"小祖宗""小霸王"，对于很多原则上的事情，父母都选择了妥协，这是导致孩子时间观念不强的另一个原因。所以，作为父母，我们一定要强化孩子学习的时间观念。

每个孩子对时间的感知可分为两部分：客观时间和主观时间。

客观时间就是钟表上表示的时间；主观时间则是指不同的孩子对时间流逝的内在感觉，比如，孩子做喜欢做的事情时，会感觉时间过得很快，而做不喜欢的事情时，会觉得时间过得很慢。这就说明主观时间虽然没有具体的量化标准，却带有非常强烈的感情色彩。

主观时间长了，孩子自然就会产生想休息一下的念头，其实从客观时间来看可能才过了几分钟。这样反复重复几次，拖延的现象就出现了。

拖延可以消磨孩子的自控力。"明日复明日"，所以孩子的事情总是做不完。因为"明日"，所以孩子的意志力松懈了，懒惰、颓废就这样成为了他们拖延的"帮凶"。想要克服这些"帮凶"，父母必须培养孩子的自控力，克服拖延的习惯。事实上，只要有足够的自控力，克服拖延，跟上时间的脚步，成功也只是早晚的事。

传说中有一只小鸟，叫寒号鸟。这种鸟长着四只脚，但是它不会飞。夏天的时候，寒号鸟全身长满了漂亮的羽毛，样子十分美丽。于是，它整日四处闲逛，炫耀着美丽的羽毛。等秋天到了，鸟儿们或者飞去了南方，或者辛勤劳作，为过冬做着准备。只有寒号鸟依然终日闲逛，沉浸在自我欣赏中。

冬天终于来了，其他鸟儿都躲进了自己温暖的鸟窝里，美美地吃着之前准备下的食物。只有寒号鸟没有自己的窝。北风呼呼地吹着，寒号鸟冻得直发抖，心想："太冷了，等天亮时一定要搭一个窝。"可是等到天亮后，温暖的阳光开始照耀大地时，寒号鸟又想："等明天再搭窝也不迟。"

就这样，明日复明日，寒号鸟一直都没有搭窝。最后，天空中下起了大雪，寒号鸟无处避寒，最后被冻死了。

面对有拖延习惯的孩子，父母们不妨尝试一下"最后期限法"。"最后期限法"顾名思义，就是给孩子的每一项学习任务都制订出详细的截止时间，如此一来，自然能够增强孩子的时间紧迫感，从而有效克服拖延，提升学习效率，节省学习时间。

　　父母不妨效仿学校里的考试，给孩子制订一份科学合理的作息时间表，上面规定好做事的时间，一旦到了规定时间，即使事情没有做完也要停止。久而久之，孩子自然就会养成高效率做事的习惯。即使父母不再规定时间，孩子们也会按照原来的习惯，在规定的时间内完成功课。

　　当孩子因为没有时间观念而表现出拖延的行为时，很多父母对此只是不停地喊叫、催促孩子。可是父母越是催促，孩子越是磨蹭。面对这样的孩子，父母不妨尝试一下去表扬孩子，利用表扬的特殊作用，调动孩子的积极性，从而摆脱拖延的控制。

　　事实上，很多孩子之所以养成了拖延的习惯，与父母的教育方式有着直接的关系。很多父母溺爱孩子，孩子说什么就是什么。即使发现了孩子有拖延的毛病，也不肯深究，更有甚者，干脆帮孩子处理好事情。这样的教育方式，只会让孩子越来越习惯拖延。"反正到最后父母着急了就会帮我做"，一旦孩子形成这样的思想依赖，父母想再纠正就困难了。因此，父母要正确引导，不能一味放纵孩子。

6. 列清单法：学习从此不再一片混乱

现如今，每个孩子学习的科目都不少：数学、语文、英语、科学……在学校里，每个孩子都有一目了然的课程表，一天的学习任务安排得明明白白。但放学后，由于各科老师都分别布置了家庭作业，面对多项需要完成的学习任务，不少孩子就陷入了一片混乱的状态，纠结着是先写语文作业，还是先写数学作业，是先和父母一起完成班主任要求的亲子手工作品，还是先把独立完成的作业写完？最后导致不少孩子的时间都在来回纠结、忙忙乱乱中度过了，学习效率不高。有时，因为作业任务比较多，孩子还会出现遗漏的情况，到了第二天交作业的时候，才惊觉竟然把这一门的作业忘记了。

实际上，要解决孩子学习一片混乱的情况并不困难，列清单法就是一种非常有效的方法，下面介绍几种列清单的具体方法，父母们可以让孩子选出一种适合自己的方法，掌握并坚持执行下去，就一定能够看到可喜的效果。

（1）"事无巨细"清单。在放学回家的路上，父母和孩子就可以开始列清单了：今天老师都布置了哪些作业，几点吃晚饭，几点去洗漱，几点开始写作业，几点应该完成作业……在回家路上，父母和孩子其实可以就这些需要列清单的事情进行充分的沟通、交流，然后形成一个初步的"事无巨细"清单，到家后，要求孩子用几分钟把清单写下来，并对不完善的地方进行调整。

俗话说"好记性不如烂笔头"，有了这个"事无巨细"清单，孩子就再也不会出现忘记写哪一科作业的情况了。

需要注意的是，"事无巨细"清单往往没有明确体现优先级，也就是先做什么后做什么，当孩子的作业涉及多个学科时，父母就要帮助孩子根据交作业的时间、完成作业的时间、作业难度等来标出优先级，做好作业顺序的安排，尽量避免孩子在选择中耗费太多时间。

（2）"3+2"清单。"3+2"清单，顾名思义就是 3 项大任务 + 2 项小任务的清单。这种列清单的方法，一直遵循这样的简单公式。父母可以协助孩子选出要完成的 5 项学习任务，其中有 3 项大任务，即需要花费较长时间才能完成的任务；2 项小任务，即只需较少时间就能完成的任务。这种列清单的方式，非常适合孩子的周末、寒暑假等假期，比如，每天各安排 1 小时完成数学、语文、英语三项大的学习任务，再各安排 20 分钟完成体育锻炼和课外阅读的小任务。3 项大任务 + 2 项小任务的清单法，既能保持合理的学习进度，又有一定的灵活性，很容易掌握应用。

（3）"任务 + 开始日期 + 截止日期"清单。孩子的学习任务往往是多样的，既有需要当天完成的家庭作业，也有需要长期坚持的诸如"偏科补救"类学习任务，"任务 + 开始日期 + 截止日期"清单非常便于对不同时间周期的学习任务进行管理，并且孩子可以根据截止时间的差异来自行安排学习任务的先后执行顺序。这一清单的好处在于截止日期可以时刻提醒孩子要注意时间，能够在潜移默化中培养孩子的时间管理能力。

（4）便利贴法。父母可以专门给孩子一块小黑板或白板，或者开辟一小块可以用于粘贴便利贴的墙面等，用彩色胶带或绳索等把整个区域划分为三列：最左边标注为"待办"、中间标注为"进行中"、最右边标注为"已完成"。指导孩子随时把新任务写到便利贴上，并贴到待办那一列，当孩子开始处理待办事项时，则把该任务移动到"进行中"，完成任务则移动到"已完成"中。这是一种非常直观的学习任务管理方法，且"已完成"的任务直接就能看得见，这对于激励孩子的学习热情也很有帮助。

7. 亲子互动：和孩子一起学做思维导图

思维导图，顾名思义就是用图文的方式把发散性思维呈现出来，这是一种简单而又有效的实用性思维工具。思维导图可以充分运用左右脑的机能，利用记忆、阅读、思维的规律，协助孩子在科学与艺术、逻辑与想象之间平衡发展，开启大脑的无限学习潜能。

作为一种组织思维的工具，思维导图可以利用一切技能，如图像、文字、逻辑、数字、颜色及空间意识等，可以促进孩子学习，帮助孩子厘清学习思路，为孩子的全面发展提供非常有利的支持。

父母不妨专门拿出一些时间，和孩子一起学做思维导图。一来可以帮助孩子掌握一种新的学习方法；二来也是一个非常有意义的亲子活动，有助于健康亲子关系的建立。

那么，具体来说，要怎么做呢？

一是要提前准备好做思维导图的相关工具，如大张的白纸、笔（最好是多种颜色的笔或彩笔等）。二是父母要和孩子想好自己的思维核心点，比如，孩子的思维核心点可以是怎样学好英语，父母的思维核心点可以是怎样提高工作效率。需要注意的是，一定要提前把思维核心点选好，思维核心点既可以选目前迫切需要解决的问题，也可以是薄弱科目需要提升的相关问题，父母可以根据孩子的具体情况给出相关的意见或建议。

一切就绪之后，父母就可以和孩子一起学做思维导图了。思维导图的绘制主要有以下七个步骤。

（1）在空白的纸张中心，写下自己的思维核心点，然后以此为核心，开始向周围发散思维。从中心开始的目的在于能使大脑自由地向所有方向发散，能自然地表达大脑本身想表达的，有助于开发大脑潜能。

（2）用图或照片表达核心思想。可以用彩笔画出自己想要的图或图形，也可以把纸质照片贴在自己需要的地方，还可以使用贴纸等，总之想用什么图片或照片表达都可以，不用局限于用什么方式。这样做的目的在于图像相当于N多个词汇，能帮助人进行想象。同时中心的图像可以使人更专注，更集中注意力，大脑也会更具活力。

（3）在思维导图中贯穿使用颜色。颜色对于思维导图来说是至关重要的，这是因为大脑对颜色会感觉到兴奋，可以让大脑思维更活跃。颜色可以为思维导图增添活力，还能给大脑带来创造性能量及乐趣。

（4）将主要分支（一级分支）连接于中心图像，二级、三级分支连接于第一、二级分支，并以此类推。大脑是通过相互联系进行的运作，孤岛式的信息或知识是很难调取出来的，此举的目的在于帮助大脑建立起更多的信息链接点，从而帮助我们更容易理解信息，提高记忆效率。

（5）比起直线，分支曲线化更好。在画思维导图的时候，要更多的使用曲线，尽量不要使用直线，这是因为直线会让大脑感觉到枯燥乏味，而曲线更能激发大脑的活力和创造力。

（6）每条线用一个关键词。关键词是一个必不可少的元素，因为单个关键词可以给思维导图带来更高的弹性与力量，所以一定要给每一条线都确定一个恰到好处的关键词！

　　需要注意的是，做思维导图这件事需要一个安静的、适合思考的环境，因此父母和孩子一起学做思维导图时，一定要营造好环境，可以适当放一点轻音乐，周围环境要干净、整洁、舒适。

　　此外，做思维导图的时间也要注意，当人处于疲劳、生病等状态时，大脑往往会变得迟钝，所以不适合做思维导图。做思维导图的时间要尽量选择大脑比较活跃的时间段。温度也是影响大脑思考的一个重要因素，当人的身体处于过冷或过热的环境时，会完全无心思考，所以父母在和孩子一起学做思维导图时，一定要让温度适宜或者稍微偏冷一点，这将大大提高做思维导图的效果。

第六章
做好学习情绪管理
—— 让孩子学习快乐、快乐学习

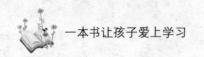

1. 别忽略非智力因素对学习的影响

"我家孩子平常学习很好，可一到考试就掉链子，从没正常发挥过，也不知道这是怎么回事？"

"说孩子笨吧？有时候考试还能名列前茅。可要说孩子聪明吧，糟糕的时候还考过班里倒数第几名。孩子成绩一直不稳定，忽高忽低，我们想了很多办法，希望能让孩子一直保持住好成绩，不过都没什么效果。"

……

在现实生活中，很多父母都非常清楚智力因素对孩子学习成绩的影响，但对于非智力因素的影响却知之甚少。实际上，非智力因素也是影响孩子学习成绩的一个重要因素。所谓非智力因素，指的是除了智力或能力因素之外的其他心理现象，一般主要由动机、兴趣、情感、意志和性格等组成。

非智力因素虽然不直接参与孩子的认知，但内驱力、情绪等会对孩子的学习活动发挥调节动力作用，从而对孩子的学习产生重大影响。

比如，"一到考试就掉链子"的现象实际上就是情绪在背后"捣鬼"。这类孩子的情绪调节能力相对较差，一旦要面对考试，往往会陷入焦虑、紧张等情绪当中，不能让自己平静下来，也无法集中注意力在解题上，如此一来自然很难发挥出正常水平。

动机、兴趣也会对孩子的学习产生重大影响。孩子如果不想学习，没兴趣学习，那么即便是父母、老师的各种督促、监督，往往也不会有什么效果。反过来，倘若孩子自己主动愿意学，那么学习效果自然大不相同。

一般来说，意志力顽强的孩子，学习效果也会比较好，因为他们遇到困难不会轻言放弃，而会坚持再坚持。而意志力薄弱的孩子，遇到困难就避开，两者在学习效果上自然也会产生巨大差距。

此外，性格和孩子的学习也是息息相关的。精力旺盛、活泼好动的孩子往往对新知识非常感兴趣，但很快他们的注意力又会转移到别处，往往不能在某一个领域中"精耕细作"，对学习常常表现为"三分钟热度"；性格内向的孩子往往比较安静，但在学习上会非常执着，能把一个知识点研究得非常深入。所以不同性格的孩子，在学习中也会呈现出不同的特质，特别是进入初中、高中阶段，这种表现将会更加明显。

广大父母千万不要忽略了这些非智力因素对孩子学习的影响。实际上，在基础教育阶段，绝大多数孩子的智力差异是不明显的，或者说没什么差异可言，之所以有的孩子学习成绩好，有的孩子学习成绩不好，有很大原因就是这些非智力因素造成的。

那么，面对这些非智力因素，父母应该做些什么呢？

（1）培养孩子的学习兴趣。如果学习已经成为孩子的一种"负担"，那学起来自然会让他觉得是一件"苦差事"，学习效果也就很容易打折扣。"知之者不如好之者，好之者不如乐之者"，倘若孩子把学习当作一件有趣、愉快的事情，学习效果自然会大不相同。因此，父母一定要重视孩子学习兴趣的培养。

（2）培养孩子的学习自信。一个不相信自己能学好、考好的孩子，就像被关在笼子里的小鸟，注定是飞不高的。千万不要让孩子给自己的学习成绩设限，要记得心有多大，舞台就有多大，要培养孩子的学习自信，只有足够自信的孩子，才有可能创造出学习上的奇迹。没有什么是不可能的，拥有自信的孩子才更有学习动力。

（3）增强孩子的情绪调控能力。每一个学霸都有非常强大的内心，即便是在压力重重或者无数干扰因素的环境下，他们依然能让自己迅速冷静下来，从而做出最佳的应对策略。尤其是考试时常常不能正常发挥的孩子，父母更要重视孩子情绪调控能力的培养。父母平时可以引导鼓励孩子参加演讲、活动主持、辩论赛及义卖、摆摊、街头表演才艺等活动来帮助孩子克服紧张、焦虑等情况，提高情绪控制能力。

（4）增强孩子的学习意志力。在同等水平下，一个学习刻苦努力的孩子，与一个随便学学的孩子，其学习效果必然是有巨大差异的。父母要有意识地引导孩子努力学习，避免孩子养成仗着自己聪明就不怎么用功学习的坏习惯。可以通过体育锻炼等活动来强化孩子的意志力，孩子本身意志力增强了，那么在学习上也会表现出很强的意志力。

2. 学习从不是一件令人痛苦的事

2001 年，在美国内华达州某所中学的入学考试中，出现了一道这样的考题："比尔·盖茨的办公桌有 5 个带锁的抽屉，分别贴着财富、兴趣、幸福、荣誉、成功 5 个标签；可是盖茨总是只随身携带其中一把钥匙，其他 4 把则锁在抽屉里。请问盖茨携带的是哪一把钥匙？其他 4 把又分别锁在哪个抽屉里？"

当时，有一位考生是刚移民至美国的中国中学生。看完题目后，感到摸不着一点头绪，从而乱了阵脚。因为他不确定这究竟属于语文题还是数学题。最终他一个字也没有答上来。考试结束，他去询问该校的一名理事，希望从他那里知道那道题的答案。原来，那只是一道简单的智能测试题，内容不出自书本，也没有所谓的标准答案，每个人都可以给出自己独一无二的答案，考官会根据学生的回答酌情打分。

这名中国学生在这道满分 9 分的考题中得到了 5 分。因为老师认为，虽然他一个字也没有写，但至少能证明他是个诚实的学生，仅凭这一点，就应该给他一半以上的合格分数。可是，让学生们无法理解的是，某个同学虽然写出了自己的答案，却只得到了 1 分。这位同学的答案是"盖茨带的是财富这把钥匙，其他的钥匙都锁在代表财富的那个抽屉里"。

后来，同学们才知道了这道题的最佳答案：比尔·盖茨随身携带"兴趣"这把钥匙，其他4把钥匙中的一把锁在标签为"兴趣"的抽屉里，剩余3把则随意锁在兴趣之外的4个抽屉里。

兴趣是一个人最好的老师，学习更是如此。可在现实生活中，很多孩子一说到学习就愁眉不展、苦恼不堪；很多父母一想到孩子的学习成绩也是叹气连连……仿佛学习是一个阴魂不散的魔鬼，毁坏了孩子的快乐童年，把父母的心伤害得千疮百孔，还严重破坏着家庭亲子关系，"不谈学习，父慈子孝；一写作业，鸡飞狗跳"其实是不少家庭中的真实写照。

实际上，学习从来不是一件令人痛苦的事情。倘若你的孩子天天为学习愁眉苦脸，那么并不是孩子所学的内容有多难，而是孩子对所学的内容没有什么兴趣，甚至还很反感。

无论是学生还是父母，有一个道理是必须要弄明白的："在我们最感兴趣的事物上，才真正隐藏着成功的秘密。"因为每个人只会对自己感兴趣的事物投入极大的耐心与热情，也最容易被感兴趣的事情激发出个人的创造力，而且在兴趣面前，人们永远都不知道疲倦，可以在学习与研究中感受兴趣带来的快乐。

兴趣对学习效果的影响是十分明显的。只有带着强烈的兴趣去学习，才能更好地增强学习效果。因此，父母们一定要转变孩子对学习的观念，不要把学习当作不得不完成的任务，而是应当寻找学习中的乐趣，把学习当作快乐的源泉。父母也要重视对孩子学习兴趣的培养，只有孩子对学习有了兴趣，在学习的过程中，其脑神经和大脑皮层才会处于兴奋、积极的状态，这时候学习就会变成一种享乐而不是负担，所以学习效果自然就会得到提高。

很多孩子在学习的过程中，常常会觉得时间很漫长，以至于觉得非常的枯燥和煎熬，不能坚持长时间学习，甚至有些孩子刚刚开始学习，就已经在盼着快点结束了。这都是由于缺乏学习兴趣引起的。

实际上，学习是一个质疑、解疑的过程，只有引导孩子不断地提出疑问，不断地尝试解答疑问，反复如此，孩子才能逐步加深对知识的理解。如果只是"填鸭式"学习，那学习效果无疑会大打折扣。科学研究显示：兴趣能引起学习者对学习对象的认真观察和积极思考，从而会积极地提出疑问，并探究其所以然。从人的机体方面来说，兴趣可以激发脑肽的释放，从而增强记忆和学习效果。

爱因斯坦说："热爱是最好的老师。"

古语有言："人各有志。"

陈建祥博士说："当孩子忘我地投入地做一件事的时候，他（她）就是天才。"

童话大王郑渊洁也曾说过："不要在孩子不感兴趣，还没有能力理解的时候，让他做任何不感兴趣的事情。"

兴趣影响着孩子的一生，也直接影响着孩子的学习效果、学习成绩。当孩子做自己感兴趣的事情时，往往很容易全身心投入，也最容易看见成绩。因此，广大父母一定要重视孩子学习兴趣的培养，从而在他们的初中、高中阶段激发出非凡的创造力。

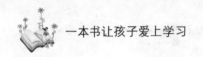

3. 引导孩子感受学习中的快乐

人的行为受其心理动机的支配，只有当孩子产生"好好学习""一定要取得好成绩"的心理动机时，他们才会积极克服懒惰，不需父母督促就去主动学习。最高明的教育，不是说服孩子要去做什么、应该怎么做，而是将"努力学习""追求优秀"的心理动机注入孩子的内心，如此一来便可一劳永逸。

所谓"动机"，即促使人从事某种活动的念头，心理学将其视为行为的发端、方向、强度和持续性。动机是人行动的一种内在驱动力，那么如何才能让孩子产生"追求卓越"的心理动机呢？

心理动机的产生需要外在的激发和鼓励，比如，父母许诺孩子考到前十名就可以满足他想买遥控飞机的愿望，这就是外在的激发和鼓励，可以强化孩子"努力学习""考到前十名"的心理动机。事实上，在现实生活中，不少父母运用这种物质奖励法都相当得心应手，不过过多的物质奖励并不是一个好办法。物质奖励过于频繁，会在无形当中让孩子学会"讨价还价"和"勒索"，反而会把孩子惯坏。

小山家经济富裕，为了避免孩子养成骄奢淫逸的坏习惯，家里在零花钱等方面对他管得比较紧，小山虽然吃穿住行都不错，但是兜里却没有多少零花钱。

随着小山升入初中，也开始有了自己的小心思，比如，很喜欢看动漫杂志，但父母以"看动漫是不务正业"为由拒绝购买动漫杂志。看到小伙伴们都有零花钱可以自由支配，小山就打起了"曲线救国"的主意，开始用各种招数和父母要零花钱。

"零花钱可以呀，如果你这次能考入年级前 50 名，就可以得到 500 元的奖励。"

"你不是想要更多零花钱吗？为了培养你按时完成作业的好习惯，从今天开始，连续一个月按时完成作业，就可以获得 200 元的奖励……"

……

没过多久，小山渐渐找到了"诀窍"。"同学 × × 考进前五十名，都有 1000 元的奖金，我怎么才 500 元，你们也太小气、太抠门了，奖金这么少，我怎么有动力去努力学习嘛！""我同学给差生代写作业，一天 15 元，一个月都 300 元，我连续一个月好好写作业才 200 元，这奖励太少了，你们严重打击了我的学习热情。"

……

面对越来越刁钻的小山，他的父母有苦难言，越是纵容、妥协，孩子越会发现这种方法管用，于是变本加厉。可如果严格制止的话，不仅没能起到正面鼓励孩子的作用，反倒会起负面作用，"不给钱就撂挑子""给钱少也撂挑子"，为此，小山的父母开始感到进退两难。

小山的这种情况，在现代都市家庭中并不罕见，尤其是一些经济比较富裕的家庭，一旦父母在物质激励上没有把握住"度"，很可能就会陷入

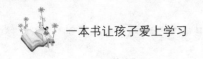

这种进退两难的窘境。

要想激发孩子"好好学习"的心理动机，千万不能过多地使用物质奖励，而是要用"精神引导法"，让孩子真正感受到学习的快乐，体会到成就感所带来的精神愉悦，这才是送给孩子性格成长的最好礼物。

马斯洛需求理论认为，当人满足了基本需要之后，都会产生"自我实现的需要"，这是与生俱来的，是可以激励和指引个人行为的潜在力量。身为父母，我们要做的是尽量满足孩子生理、安全、社交、尊重的需要，并有意识地引导孩子去探索自我价值的实现。只有成就感，才能为追求卓越的人生提供源源不断的内在驱动力。

心理学研究发现：人在激情的支配下，更能调动身心的巨大潜力。所谓"激情"，即一种强烈的情感表现形式，往往出现在强烈刺激或突如其来的变化之后，具有迅猛、激烈、难以抑制等特点。

但在实际生活中，孩子很难一直保持富有激情和创造力的状态，不断重复的学习，接连不断的挫折、沮丧，以及面对未来时的无措与迷茫都会让孩子进入"灰暗"世界。不管是物质还是激情，其激励作用都是短暂的，如果你希望孩子能够不断超越自己，能够始终充满"动力"地生活，能够一直有所追求，那么从现在起，请引导孩子学会感受学习中的快乐，请给你的孩子树立起"成就感"的大旗。

那么，具体来说，身为父母的我们究竟可以做些什么呢？

我们要给孩子创造足够的空间去做自己的事情；要随时关注孩子的心理变化并和孩子探讨内心的真实感受，比如，遇到挫折时感觉怎样，当一切问题都完美解决掉时感觉又是怎样，颁奖时站在台上有没有被小伙伴们羡慕，听到欢呼声和掌声时感觉又是如何……

　　父母一定要加以引导，如此一来孩子自然能够注意到，学习—克服困难—获得成功和掌声是一件多么美妙的事情。一旦体会到学习所带来的"成就感"和快乐，孩子自然就会去追求这种感受，从而成为一个积极向上、勤奋努力的人。

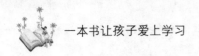

4. 孩子学习中遭遇挫折怎么办

放风筝是一个非常有趣的游戏，如果你的孩子曾有过放风筝的经历，那么他一定知道这条法则：放飞风筝时，要顺风，因为"好风凭借力，送我上青云"；等风筝飞起来了，逆风操作才更利于风筝飞得更高、更好。

如果你的孩子没放过风筝，那不妨让孩子仔细观察一下春天里发芽的小草或种子，孩子会很容易发现那些被石头等障碍物压住的幼苗，其根茎往往要比其他正常生长的幼苗更粗壮、生命力更旺盛。

实际上，人生又何尝不是如此呢？当孩子在学习中感觉到轻轻松松、游刃有余的时候，正说明孩子正在原地踏步甚至在退步；当孩子在学习中感觉到举步维艰、十分辛苦的时候，实际上是正在走上坡路，在不断进步。

逆境会给孩子的学习制造前进的障碍，就好比逆风行走一样，会让人举步维艰，但只要孩子能够在学习的逆境中生存下来，就能拥有强大的生存能力。那些在学习上遇到的挫折是磨炼孩子学习的一块上好"磨刀石"，身为父母，我们首先要让孩子学会面对挫折，从而帮助孩子走得更稳、更有力量，让孩子飞得更高、更好，促使孩子长得更"强壮"。获得强大的生存能力。

父母要引导孩子有敢认输的勇气，特别是当孩子升入初中以后，父母更是要循循善诱。承认失败、承认自己陷入困境、承认自己技不如人，其实这都不是多么丢脸的事，输了固然遗憾，但如果输了还死鸭子嘴硬、死活不承认，只会让结果更糟糕。如果孩子遭遇了挫折、陷入了困境，请告诉孩子要坦然接受，只有接受目前的困境现实，才能更好地反思，才能听进他人的意见，才能快速走出困境，获得成长。

要有意识地培养孩子的自信心。一个充满自信的孩子，永远都不会被学习中的挫折打倒。"当蜘蛛网无情地查封了我的炉台，当灰烬的余烟叹息着贫困的悲哀，我依然固执地铺平失望的灰烬，用美丽的雪花写下：相信未来。"正如食指在这首诗中所说，唯有自信心，可以引领我们走出困境，更好地拥抱未来。只要孩子足够自信，相信自己能克服，就一定能克服困难坚持下去。

生活中，不少孩子在挫折面前都习惯了自我放弃，因为他们常常以一种消极的心态、低落的情绪来面对挫折。要知道，一件事情能够成功，与人们自身的心态有着直接的关系。父母之所以要鼓励孩子，目的也是在帮助孩子调整心态。可是，父母的鼓励不可能随时随地出现在孩子需要的时候，想要孩子克服挫折，方法只有一个——自我激励，保持乐观的心态。

一个能在挫折面前即使无人安慰和帮助，仍然能保持乐观心态的孩子，是任何一个父母都希望塑造的模型。人生的路并不平坦，在这不平坦的路途中，父母不可能永远陪伴在孩子的身边。因此，引导孩子自我激励，乐观面对挫折则成了亲子沟通中的重要环节。在这个过程中，父母需要注意一些沟通技巧：

（1）被动式鼓励。孩子从幼儿园放学回到家里说："今天老师让大家

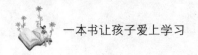

背诵古诗，其他同学都背出来了，我却没有背出来。"

父母一："那你以后一定要更加努力，我们相信你一定可以背下来的。"

父母二："那你是怎么想的？"

"我告诉自己，这一次没有背下来没有关系，下一次我认真听老师讲，努力背就行了。"孩子说道。

面对这两种鼓励方式，建议父母们选择父母二的鼓励方式，我们称之为"被动式鼓励"，也就是父母引导孩子自我激励，乐观面对挫折。

（2）不加油、不鼓励。很多父母非常善于鼓励孩子，经常在孩子遇到挫折时，立即给孩子提供全方位的高质量的鼓励。久而久之，孩子对父母的鼓励形成了强烈的依赖，一旦遇到挫折，如果父母的鼓励没有及时跟进，就会显得惊慌失措。面对这样的孩子，父母最好采取"不加油、不鼓励"的沟通方式，目的是培养孩子自我激励的内在体制。很多时候，父母不鼓励、不加油，孩子就会自己鼓励自己。因此，父母一定要给孩子构建自我激励体制的空间。

5. 怎样处理孩子的厌学情绪

今天早上，孙女士又和上一年级的女儿争执起来了，原因是孩子又不想去学校了。这样的情况已经出现过好几次了，结果每次孙女士都要和孩子大吵一架，强拉着孩子去学校。一路上，孩子总是号啕大哭，引得路人侧目。

今天还是一样，孙女士对着女儿吼道："你到底要不要出门，要不要去学校。"

女儿脸上挂着泪说道："不去，妈妈，我不要去学校。"

对于这种情况，孙女士可以说是到了忍无可忍的地步，她既感到很累，又感到很疑惑：孩子在学校并没有同学欺负她，她的人际关系也很好，怎么孩子就是不愿意去学校呢。

孙女士的这种情况其实许多父母都遇到过。其实，孩子厌学有很多原因，幼儿园的孩子讨厌去学校，是因为他们害怕分离，害怕被父母"不喜欢"；还有一些孩子是因为害怕在学校被欺凌、戏弄而不愿意去学校；另有一些孩子是因为成绩不好，害怕被同学嘲笑而拒绝去上学……

不管是哪种原因，父母和老师都应该理解孩子厌学的矛盾心理，尽快采取相关的方法去处理，等到问题解决了，相信孩子很快就能改变厌学的心理了。

对于幼儿园的孩子，如果因为害怕父母抛弃自己而出现厌学情绪，父母应该用孩子能够理解的话告诉他，去幼儿园只是与父母暂时分开，很快就会见面的。比如，父母可以告诉孩子，"午睡结束后，我会来看你"。"放学我就来接你。"听了这些话，孩子可能还会表现出不舍的情绪，或者会想让父母带他回家。这时，父母最好是和孩子简单、快速地告别，然后转身离开，不要因为他的哭闹而回去安慰他。因为你越快离开，他就能越快开始一天的活动。

孩子和成人一样，也有自尊心。如果是因为害怕被同学嘲笑而出现厌学情绪，父母一方面要理解孩子的心理，另一方面则要想办法增强孩子的自信心。比如，孩子因为紧张尿了裤子而被同学嘲笑，从此不敢去学校上学。这时父母应该让孩子明白，人们在紧张、恐惧的时候，尿液不受控制是一种正常的生理现象，并告诉孩子，紧张、恐惧的情绪每个人都会有，以后要是再遇到类似的事情只要勇敢面对就可以了。当然，在缓解孩子心理压力的时候，能有老师的配合就更好了。

还有一些孩子因为被同学欺负而出现厌学情绪。如果出现这种情况，就需要学校、父母及孩子心理学家一起帮助孩子。面对这种情况最忌讳的是教孩子以暴制暴，我们应该让孩子正确认识暴力、正确面对暴力。当孩子克服了对暴力的恐惧之后，自然也就不害怕学校了。

其实，孩子厌学是一个全球性的问题，尤其是随着独生子女的增多，孩子对家庭的依赖越来越重，厌学的现象也就越来越多。如果孩子出现厌学的现象，父母千万不要恐吓孩子，也不要威逼利诱孩子，因为这些都不能从根本上解决问题。这个时候父母最好是能静下来听一听孩子不想上学的真正原因，然后再采取相应的对策。

另外，父母应该定期同学校、老师联系，及时了解孩子的心理状态，只有这样，当孩子出现厌学情绪时才能尽快寻找到对策。

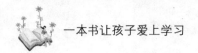

6. 专注学、尽情玩，劳逸结合最快乐

古时候，上京赶考的学子们都需要经历所谓的"十年寒窗苦读"才有可能金榜题名。事实上，现在的孩子想要金榜题名，至少需要经历十二年的寒窗苦读。很多父母想到这里，都会心有不忍地说道："趁着孩子还没有开始上学，先让孩子玩个够吧，等孩子正式上学了就没有时间玩了。"

这些话说得好奇怪，为什么孩子上学后就没有时间玩了呢？难道孩子们上学后，就必须一直学习吗？当然不是，其实学习和玩是同步进行的。该学习的时候就好好学习，该玩的时候就认认真真地玩，专注学、尽情玩，劳逸结合才能让孩子最快乐。

军军都已经上初中了，但还是非常贪玩。为此，妈妈经常批评他，"整天就知道玩，也不好好学习，下次再考这么差，看我怎么收拾你。"

于是，军军产生了非常矛盾的心理：学习的时候，想着玩，学不进去；玩的时候，又想着应该学习，玩得也不安心。就这样，军军玩也玩不好，学也学不好。妈妈看到孩子的这种状况非常着急，可是又不知道应该怎么帮助孩子，于是只好加紧逼迫孩子学习。

"成绩又下滑了，从明天开始不许玩了，把所有的时间都花在学习上。"看着妈妈生气的样子，军军仿佛看到了动画片里的怪兽。

在母亲的高压管制下，军军的成绩直线下滑。而此时，妈妈丝毫不顾及军军即将崩溃的心理防线，依然斥责军军因为贪玩导致学习成绩下滑。为了能够断绝军军贪玩的念头，妈妈将军军最喜欢的新款北欧战斗机模型摔了个粉碎。看着被摔得粉碎的战斗机模型，军军彻底被激怒了，他发疯一样地将课本撕碎，发誓再也不学习了。看着军军疯狂的样子，妈妈彻底傻眼了。

看到这个事例，我们当然为军军感到惋惜。挺好的一个孩子，被母亲错误的教育方式逼成了那个样子。爱玩是孩子的天性，父母为什么一定要逼迫孩子放弃天性呢？成绩的确重要，但这并不是学习的全部。学习是为了让孩子增长能力，原本是一个重在过程的环节。正所谓"量变达成质变"，孩子的成绩不是一蹴而就的，需要一个学习的过程。在这个过程中，父母要尊重孩子的天性，给孩子一个相对宽松的学习空间。

（1）父母要给孩子一个宽松的学习空间。学习应该是一个愉快的过程，父母不要总是盯着孩子的学习成绩不放，整日逼迫着孩子争分夺秒地学习。这样一来，学习对孩子来说就变成了一种负担，让孩子感觉压抑有负担。在这样的高压环境下，孩子们会丧失对学习的兴趣，认为学习是一项苦差事，逐渐地开始排斥学习。

父母们要学会抱着顺其自然的心态，只要孩子的成绩不出现太大的波动，尽可能地不要总是询问孩子学习的事情，要让孩子自己合理地安排学习计划。

（2）不要剥夺孩子玩的权利。玩与学习并不冲突，学习是为了让孩子掌握一些专业性的技能，而玩耍也同样可以提升孩子的能力。只会学习不会玩耍的孩子，那是典型的"书呆子"。父母千万不要逼迫自己的孩子成

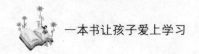

为"书呆子"，要尽可能地让孩子自己安排学习与玩耍的时间，做到劳逸结合，学习的时候就专心学习，玩耍的时候就认真玩耍。

学习的强度和难度不应超过孩子的承受能力，否则会把孩子吓跑。虽然父母不能禁止孩子玩，但也要让孩子懂得应该有节制地玩。另外，我们也可以适当改变学习方式，让孩子感到眼前一亮。

（3）不要过度责备孩子贪玩。贪玩是孩子的天性。上天既然赋予了孩子这种天性，那就肯定有它的理由。很多孩子都是在玩耍中找到了自己的兴趣，如爱迪生、比尔·盖茨等人。因此，父母不要总是根据自己的主观想法，替孩子决定该玩些什么，该学些什么。

7. 亲子互动：一起从失败中找宝藏

考试失利是任何一个孩子都可能遇到过的事情。面对孩子的失利，父母的教育方式决定着孩子是否能够从失败的阴影中走出来，是否能在接下来的学习中再接再厉。因此，父母们要学会安抚考试失利的孩子，让孩子在坚强和勇敢中突破自己的瓶颈。

月月的学校管理得非常严格，而且对孩子的成绩非常重视。每次的考试成绩出来后，都会在学校的门前贴出成绩单，同时也会标出孩子们的成绩较上一次考试是上升还是下滑，以方便父母们比较。

月月上初三了，她的学习成绩一直都不错，但是始终没有进过前五名。这一次，在期末考试前，爸爸向月月提出了要求：一定要努力进入前五名。

月月成绩出来后，她的成绩不仅没有如愿以偿地进入班级前五名，反而后退了好几名。看到月月的成绩下滑得如此厉害，月月爸爸的情绪有些失控，竟然当着很多父母和同学的面，大声呵斥月月。周围的父母们见到这种场景赶忙劝阻。面对众人的劝阻，爸爸不理不睬，好像铁了心地要让月月当众出丑。

爸爸足足训了月月半个多小时。面对爸爸的咆哮，月月觉得非常难过，她根本没有注意父亲都说了什么，只顾着揣测同学们是不是都在嘲笑她。回家的路上，月月一句话也没有说，一直默默地低着头。回到家里，妈妈看到月月沉默的样子，忙问发生了什么。

"别管她，让她自己反省吧。"一旁的爸爸显然还没有消气。

第二天，父母发现月月并没有早早起床上学，而是躺在床上发呆。无论父母怎样劝说，月月就是不肯去上学了。看到女儿的情绪如此消沉，月月爸爸也有些后悔了。

正如古语所言"胜败乃兵家常事"，考试出现失利也是很正常的事情。事例中的月月爸爸因为孩子一时的考试失利，而对孩子大加斥责，深深地伤害了孩子的自尊心，导致孩子对学习失去了兴趣，产生了排斥心理。这位父母的行为非常不当。生活中，父母们一定要引以为戒，在孩子考试失利的时候，千万不要责备孩子，要帮助孩子尽快走出失败的阴影，重振旗鼓。

那么，怎样才能帮助孩子快速走出失败的阴影呢？"一起从失败中找宝藏"的亲子互动小游戏就是一个非常不错的选择。

父母可以专门找一个时间，提前准备好纸笔，和孩子坐到一起，心平气和地交流一下关于"失败"的话题，帮助孩子分析失败的原因。比如，考试没有考好的原因是什么？这不仅可以看成孩子需要总结的经验和教训，也可以看成隐藏在失败背后的宝贵精神财富，是一笔能够磨砺孩子的教育宝藏。父母在孩子考试失利后，应该主动帮助孩子分析考试失利的原因，该鼓励的地方鼓励，该批评的地方批评，以防止孩子被同一块石头绊倒两次。其实，考试的真正目的在于查漏补缺。通过考试，暴露出孩子在学习上的一些不足之处，其实也不是一件坏事情。

　　然后，父母和孩子在各自的纸上，拿笔一条条地写一写"失败有哪些好处"，比如，失败可以让人发现自己的不足，失败能催促人努力进步，失败可以避免人骄傲自大……

　　父母和孩子全部写完后，双方交换阅读对方的失败好处清单，并对此相互交流。"一起在失败中找宝藏"这个亲子互动小游戏，不仅可以非常有效地引导孩子正确看待失败，避免孩子沉浸在失败的痛苦当中，还有助于建立健康的亲子关系。

　　需要注意的是，父母在和孩子一起玩这个游戏的时候，一定要保持一颗平常心。不要太在意孩子的考试分数，关键是孩子在学习的过程中是否掌握到了一些技能，其次才是成绩。如果父母能够保持这样的心态对待孩子的学习，那么，孩子在学习中遭遇失败时，自然也会摆正心态，更加关注学习的过程，不会因为一两次的考试失利而沮丧、失落，这样的学习态度才是正确的。

第七章
怎样激发学习热情
——学习效果比口头督促更管用

1. 正反馈：让孩子看到学习效果

在现实生活中，不少孩子在学习初期都抱着"天生我才必有用"的心态，显得非常积极向上、意气风发。但往往他们辛辛苦苦学习一段时间之后，发现自己并没有很大的收获，会深切感觉到现实与自己的期望相差甚远。

于是，他们愤怒、懊恼、满腹牢骚，开始灰心丧气，对学习渐渐丧失了热情和积极性……最终，他们决定不再那么努力学习了。

无论做什么事情都会有一个结果，这个结果当然有好也有坏，孩子的学习效果也是如此。倘若孩子一直努力学习，但总是看不到自己努力的成果或进步，那么即便是刻苦学习的孩子，也很难做到一直坚持下去。

作为父母，我们要想激发孩子的学习热情，就一定要让孩子看到自己的学习效果，不断给予孩子正向反馈，以鼓励他们继续努力学习。

那么，怎样才能让孩子看到自己的学习效果呢？

（1）明确量化指标。一定要把学习任务具体量化。比如，"明天晚上学英语"这样的学习任务就是模糊、不明确的，"明天晚上8~9点背一单元的前10个单词，达到能默写的程度"，这就是一个明确量化的学习指标。

明确量化学习指标，可以帮助孩子切切实实看到自己一点一滴的进步，每完成一个明确具体的学习任务，都能从中获得一定的成就感和收获感，如此一来便学习动力满满。

那么，怎样才能把孩子的学习目标都量化呢？一般来说，明确量化学习指标主要包括五个因素：一是要有明确具体的目标，如做几道数学题、读多少课文、写几篇作文等；二是学习任务要可衡量，也就是说，能够做出来，且做出来能获得相应的奖励或分值等；三是必须是切实可行的，能够实现的，倘若给孩子的学习目标是研制出航天器并能飞出太阳系，显然是不具备可行性的；四是学习任务必须是和孩子相关且有意义的，看课外书对孩子的成长是有好处的，但是对于孩子来说，课内的学习是比看课外书更相关、更紧急重要的事，所以要安排好优先顺序；五是要有期限和投入时间，明确约定好开始时间和结束时间，这将有利于督促孩子抓紧时间学习。

（2）通过检测学习效果，让孩子获得学习自信。父母可以根据孩子的学习进度及学习内容等，专门给孩子设置有针对性的小检测。检测学习效果，一来可以帮助孩子查漏补缺，找出问题，针对那些没能彻底掌握的知识进行再次学习；二来可以让孩子真真切切地看到自己通过学习所掌握的知识，有助于孩子建立学习自信心。

需要注意的是，父母在给孩子设置小检测的时候，不必过于正式、严肃，而是应当尽可能采取灵活的检测方式。比如，在孩子完成家庭作业后，父母检查孩子作业的正确率；孩子背诵课文或英语单词后，父母可以让孩子默背或默写，以检查孩子的背诵情况；等等。

小检测的内容可以根据孩子不同时间的不同学习任务来灵活安排，难度不宜过高，但也不宜特意把难度降到最低，父母可以根据孩子的学习情况来把握小检测的难度安排。当孩子在小检测中表现得不错时，要及时鼓励、夸奖孩子，倘若孩子表现不太好，也不可批评、斥责孩子，以免打击孩子的学习积极性。

2. 制订学习目标时要量力而行

明确的目标是孩子学习的灯塔，能让孩子获得更大的收获，避免白白浪费掉许多宝贵的时间和精力。

毫无疑问，学习会耗费掉孩子大量的时间、精力，这种付出是巨大的。有明确的学习目标，会让孩子知道未来一段时间需要掌握怎样的知识，这又在很大程度上决定了孩子的学习发展程度。

制订目标，要有一定的规律和技巧，不要盲目、随意，要量力而行。如果在制订目标时，太过盲目、随意，很可能会使学习方向出现偏差，反而适得其反。通常，在制订目标时最好遵循六个原则。

（1）具体明确。制订学习目标必须用具体的、明确的词句来说明，因为它是目力可识、可达、可辨的标记，只有这样，接下来才能采取具体明确的行动。

具体的目标是指能数字化的目标，它反映了目标的科学性和严谨程度，便于在操作中进行权衡。明确的目标是指逻辑清晰、思路得当、有策略有水平并且结果明确的目标。

（2）粗中有细。所谓粗，就是要有胆识，有魄力；所谓细，就是要内容清晰、详细。也就是感性与理性要有机结合，激励与约束互相配合，只有这样才能使目标明确且具有驱动力。

　　粗中有细的目标，是激励孩子进步的有效方法。只有拥有胆识才能长效久行；只有内容详细才能激发活力。用有胆识的目标产生突进力，用详细的目标形成助推力，因此一个成功者的学习规划必然是粗与细的完美契合。

　　（3）具有高难度。高难度的目标能激发孩子实现目标的积极性，促使孩子想尽一切办法克服困难，提高自己的学习能力。而简单易实现的目标则会让孩子放慢前进的脚步，使目标的意义有所减弱。

　　（4）具有长远性。孩子如果有了长远的目标，就会对解决各种难题充满信心和希望；如果目标不够长远，就会被挫折轻而易举地打倒，使自己丧失"战斗力"。

　　（5）结合实际。父母在协助孩子制订学习目标时，要注意结合孩子的学习能力、学习年限及学习任务，不能随意而为。只有依据孩子的实际情况及条件来制订的学习目标，才能避免不切实际。

　　（6）要有不同时期限定的实施计划。除了制订目标之外，还应制订不同时期的实施计划。近期目标可以暂定为一年，先制订出一年内总的学习目标，再按知识内容的难易、层次，合理地制订出当季和月实施计划，并明确规定出每个实施计划的要求、标准、任务和成果。

　　做任何事情都要有明确的指向性，孩子学习更是如此。父母千万不要小看学习目标的制订，如果学习目标制订得不够好，就会影响孩子的学习计划，从而使学习过程变得混乱不堪。因此，我们一定要认真帮助孩子，让制订的学习目标变得更加具体、可行。只有帮助孩子制订科学合理的学习目标，才能让孩子在学习中有的放矢，循序渐进。

在制订学习目标的时候，我们不仅要考虑学习目标怎样制订，而且还要考虑孩子到底需要什么，在确定好学习目标后孩子该怎么去做。往往有很多孩子很随意地给自己定了远大的目标，可是没几天就放弃了，或者在完成目标后才发现这与自己当初想要的有所不同。因此，在制订学习目标之前，父母应该先问孩子三个问题。

（1）想要什么？不同的孩子有不同的学习目的，有的孩子是为了和父母"交差"，有的孩子是对学习很感兴趣，有的孩子是希望通过优秀的学习成绩获得周围人的认可、夸赞……父母必须让孩子把学习目的考虑清楚，再考虑如何学习，以及具体计划的制订、安排等细节。

（2）怎样才能达到？许多时候，想是一回事，做又是一回事。孩子想清楚了学习目标，还要对学习的时间、工具、方法等细节考虑周全。最重要的是，以自己目前的情况，能否通过努力完成学习目标；如果能，第一步怎么做，第二步怎么做；等等，这些都需要孩子提前考虑好。

（3）能否坚持到最后？学习最考验人的毅力、耐性。不少孩子在学习中因为无法坚持到最后，结果半途而废，这种情况非常普遍。孩子制订了学习计划以后，还要想清楚自己能否坚持下来，遇到困难如何应对，能否找到化解之道。

如果孩子对这三个问题都已胸有成竹，那么我们接下来要做的就是马上行动！

3. 对比法：进步，让孩子学习更卖力

对比法，顾名思义就是通过做比较来激发孩子学习热情的教育方法，但这里所说的"比"不是攀比。

"你看看××，怎么人家每次考试都是前三名，你每次都是倒数第三名呢？"

"××天天都在学习，不是在家里学习就是在上各种培训班，怎么到了你这儿，总是找各种理由不想去？"

……

在现实生活当中，不少父母都习惯用这种做比较的方式，试图激发孩子的好胜心，但结果往往适得其反，"别人家孩子"成为绝大多数孩子的"公敌"，"我比不上××"在孩子的内心种下了一颗自卑的种子，本身就缺乏学习自信的孩子，在学习上往往更难有主动性和积极性了。

实际上，这种做比较的做法，不是对比，而是攀比。孩子不是父母用来攀比的工具，一定要避免拿别人家孩子与自己家孩子做比较的做法。这里所说的"对比法"，是指用孩子的过去与现在做对比，让孩子看到自己的努力，从而激发孩子的进步欲望。

一个有理想的高中生，特别想知道如何能够实现自己的理想，于是，

他就专门去拜访了一位德高望重的智者，希望他能够给自己提供一些好的建议。可是很不巧，智者正在果树园里忙着采摘苹果，根本无暇回答他的问题，还让他帮着自己摘一个又大又红的苹果。这个高中生抬头一看，那个苹果高高地挂在树梢，虽然自己的个子不算低，但要把它摘下来还是比较困难的。尽管他很努力地去摘，可还是无法够到那个大苹果，他不禁有些失望，而且面露难色。

智者看到这一切，就对这个高中生说："小伙子，你可以跳起来试一试呀。"这个高中生听了智者的话，立马跳了起来，可是并没有摘到苹果。于是，他紧接着又跳了第二次，仍然没有摘到。到第三次的时候，他休息了片刻，把自己的情绪也调整了一下，然后，他突然奋力一跳，那个大苹果就被他紧紧握在了手中。

在摘到苹果的那一刹那，这个高中生终于明白，智者已经把答案告诉他了：一个人要想成功，就必须学着跳起来采摘那些看起来似乎遥不可及的苹果。只有这样，才有可能品尝到成功的滋味。

通过努力学习而做到以前做不到的事情，对于孩子来说，那种"摘到苹果"的滋味是无比美妙的，这种美妙的感觉足以激励孩子再一次"跳起来"，而且一次比一次"跳得高"。

父母可以通过前后大对比的做法，来激发孩子的进步动力。具体来说可以这么做：

（1）时间线对比法。我们可以固定一个时间段，比如，一周、一个月、一个季度、一个学期或一年等，来作为对比的基准线，找一张纸，把孩子最初的情况或表现记录在左侧，一周、一个月或一个季度、一学期、一年后的情况和表现记录到右侧，鲜明的对比可以立刻让孩子看到自己是不是有进步、进步体现在哪里等。

（2）细节对比法。孩子在学习上的变化，往往都是由无数小细节组成的，父母要有一双善于发现的眼睛，通过对比孩子细节上的变化，来夸奖、肯定孩子的努力和付出。比如，孩子写作业时的字迹变得越来越整齐了，孩子的书桌不像原来那么乱了，孩子的书包文具整理得越来越好了……诸如此类的小进步，父母都要善于发现，并及时夸奖孩子，这将非常有利于孩子学习积极性的激发。

（3）特定指标对比法。比如，同样是背单词，孩子的背诵效率提高了；写同样数量的作业，孩子的平均用时越来越短了，正确率越来越高了……这些特定指标的对比，可以让孩子真切感受到自己的进步，为自己变得越来越好而开心，继而浑身充满干劲。当然学习成绩也是一个可以用来作对比的指标，但父母们千万不要陷入"以分数定成败"的误区，如果孩子在成绩上没有进步，分数上没有增长，并不一定代表孩子没有进步，也不能说明孩子在学习上没有用功努力，在使用学习成绩作为特定对比指标时，父母最好谨慎、谨慎再谨慎，以免让孩子形成不正确的"分数观""成绩观"，反而对孩子的长远发展有不利的影响。

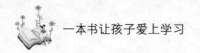

4. 竞争法：对手可激发学习潜能

学习动机是推动学习者进行学习的直接原因和内部动力，它支配着学习者的学习行为，说明了学习者是否想要学习、喜欢学什么、学习努力的程度等。学习动机也指激发、定向和维持学习行为的心理过程。

可以根据学习活动的目标将学习动机分为内在动机和外在动机，这是最常用的一种分类方法。

外在动机是由学习结果或学习活动以外的因素作为学习目标而产生的学习动力，即学习目标是学习的结果和意义，学习只是达到这一目标的一种手段。

内在动机是由学习活动本身作为学习目标而产生的学习动力，即学习活动本身成为学习者的学习目标，学习者会在学习过程中获得满足，表现出强烈的求知欲并感受到学习的乐趣。

学习动机并不是单一的结构，而是由各种动力因素组成的复合体。它包括学习需要、学习兴趣、爱好、对学习必要性的认识、学习的情绪、意志因素等。

学习动机与学习目标既有联系，又有区别。学习动机是引起学习的原因，学习目标是学习要达到的结果。但培养学习动机和确定学习目标对学习都具有积极的作用，主要表现在：

（1）学习动机能够维持学习行为，促使孩子在达到学习目标之前保持学习活动的强度，克服学习过程中的各种困难。学习动机的水平越高，孩子的努力程度就越大，持续时间就越长。

（2）学习动机能够激发起适当的学习行为，使孩子进入学习状态，自觉主动地进行各种学习活动。

（3）学习动机能够为学习行为定向，促使孩子有选择地进行各种学习活动，使学习活动指向特定的学习目标。

培养孩子的学习动机非常重要，特别是对于升入初中的孩子来说，孩子有了正确的、强烈的学习动机后，就能自觉地重视学习、努力学习，可以从学习中体验到无穷的乐趣。竞争法就是培养孩子学习动机的一个好方法。

一家森林公园里曾养殖了几百只梅花鹿，公园里虽然水草丰美，没有天敌，可几年以后，鹿群非但没有发展，反而出现了负增长。后来工作人员买回了几只狼放在公园里，在狼的追赶捕食下，鹿群只得紧张地奔跑逃命。这样一来，除了那些老弱病残者被狼捕食外，其他鹿的体质却日益增强，数量也迅速地增长了。

"流水不腐，户枢不蠹。"要想让孩子学习时更有劲头，就要帮助孩子找到一个合适的竞争者。竞争对手就像那只追赶鹿群的狼，当孩子有了一个合适的竞争对手，内心必然会产生危机感，从而主动去学习。需要注意的是，父母在给孩子选择竞争对手时，一定要选择那些能够与孩子势均力敌的人。竞争的能力过强，呈现压倒性优势，孩子就会出现"反正不管多么努力，我也注定赢不了，那还努力个什么劲"的想法，反倒不能激起孩子的好胜心。同样，竞争对手的能力也不宜过弱，如果竞争对手非常弱小，孩子自然而然会生出"我不努力都能比他强"的想法，也不利于激发孩子的学习主动性。

广大父母在使用竞争法时，需要格外注意孩子的情绪，俗话说"友谊第一，比赛第二"，要让孩子正确对待自己的竞争对手，不可产生敌对、厌恶、攻击等负面情绪，同时也要避免孩子陷入嫉妒的旋涡之中。

如果孩子常常在竞争中表现出优势地位，也要注意引导孩子学会谦虚谨慎，尊重失败者，正所谓"胜不骄败不馁"。

此外，需要注意的是，并不是所有的孩子都适合使用竞争法来激发学习热情，因为有些孩子是天生的"和平者"，在生活和学习中主要表现为：不喜欢参与各种比赛类活动，即便是玩游戏，也不喜欢玩竞争类游戏；认为比赛、竞争没什么意义，并不能说明什么……他们厌恶一切比赛、斗争等，对于他们而言，竞争法不仅不能激发出他们的学习热情，反而会让他们心生反抗。所以，父母在使用竞争法时，一定要先评估孩子的情况是否适合这一方法，总的来说，竞争法主要适用于那些有着很强好胜心、很爱面子的孩子。

5. 心锚法：让成功经验烙印在孩子心里

德韦克是成就目标理论的代表人物，他认为人们对于能力持有不同的内隐观念：一种是能力的实体观，一种是能力的增长观。

持有能力实体观的孩子倾向于建立表现目标，从而避免被人看不起。持有能力增长观的孩子，更多地会设置掌握目标，并乐于寻求那些能真正锻炼自己能力，提高自己技能的学习任务。持掌握目标的孩子，学习是为了个人成长，又被称为任务卷入的学习者，而持表现目标的孩子更关心的是能否向他人证明自己的能力，被称为自我卷入的学习者。

对于持表现目标的孩子，父母应该经常赞扬和鼓励他们，先建立他们的自信心，再一步一步让他们走向成功。父母要鼓励他们想自己解决问题的心理变化，并引导他们逐步掌握方法，只有这样，才能让自己运用这些方法解决实际问题，这对他们的个人成长是非常有益的。

对于持能力目标的孩子，父母应该引导孩子对学习结果有一个积极乐观的态度。美国心理学家韦纳认为，一般人们会把自己的成功或失败归结于个人能力、努力程度、任务难度、运气、他人的帮助、情绪、环境等多个因素。因此，它在对成败的分析方面起着很重要的作用。

归因理论研究发现，个体对成功或失败的归因分析广泛影响着他们后面行为的动机。不同的归因方式，对个体所产生的影响极不相同。父母应该引导孩子对学习上的成败进行正确的归因，因势利导，激发孩子的学习动机。

不管是对于哪一种类型的孩子，心锚法都是一种非常有效的方法，可以大大激发孩子的学习热情。

心锚是一个心理学概念，是指"人的内心某一特定情绪与特定行为之间的条件反射"，这个反射链接一旦形成，人的心锚也就建立了，这一反射过程多次反复出现，则心锚产生的效果会更加明显。

我们日常生活中常说的"一朝被蛇咬，十年怕井绳"就是一个非常典型的心锚效应，因为被蛇咬过，所以一旦看到类似蛇一样的东西时，就会立即想起曾经被蛇咬的情景，从而产生恐惧的情绪和行为反应。

心锚一旦建立，对一个人的影响是十分巨大的，父母可以使用"心锚法"把成功的学习经验烙印到孩子心里。如此一来，每当孩子遇到学习上的问题时，都能立即想到自己曾成功克服困难取得成功的情景，内心自然会激发出迎难而上的勇气，从而更加兴奋努力。

那么，父母怎样才能帮助孩子建立起成功的心锚呢？

首先，父母要准确捕捉孩子的强烈状态，当孩子在学习中获得了成功，情绪正处于亢奋状态时，父母可以及时植入独特的诱因。比如，当孩子因考试成绩好而开心大笑时，这时父母可以拍着孩子肩膀大声称赞"干得好"，重复几次之后，孩子就会无意识地把学习中的成功与拍肩膀连接成反射链，以后只要父母在适当情况下，拍拍孩子的肩膀，就能够让孩子回想起获得学习成功时的喜悦。

其次，心锚初步建立之后，父母还要注意检测一下是不是有效。父母当孩子在学习上没有突出表现或处于低谷状态时，父母可以尝试施以建立心锚时的诱因（拍肩膀），然后观察孩子的反应，如果孩子的反应与之前建立心锚时的反应一样，那就表示成功了；如果孩子反应与之前不同，那么则表示心锚的建立还没有形成比较稳固的反射链接，还需要多次重复来进行强化。

　　最后，父母帮助孩子建立成功的心锚还要注意以下四个问题：一是建立心锚一定要在孩子的身心处在特别状态时，状态越强烈，建立心锚就越容易，失效的可能性就越小；二是要在孩子的特别状态呈现得最强烈时，再施加诱因，太早或太晚，心锚的效果也都大打折扣；三是诱因必须独特，以便使孩子的大脑得到清楚无误的信号，倘若诱因没有什么独特之处，那么心锚就无法建立；四是诱因的提供要准确，如果你给孩子提供的诱因是拍肩膀，那么要想让心锚有效，就一定得拍肩膀的某个特定部位，同时每次拍的力量也得相同才行。

6. 亲子互动："大"学生、"小"老师

在很多父母的眼中，孩子们是无知的，需要父母和老师传道授业解惑。因此，很多父母偏执地认为，孩子应该向父母请教，而父母不应该向孩子请教。然而，父母为什么不能向孩子请教呢？父母就一定比孩子懂得多吗？究其根源，还是源于父母们一直放不下的架子，认为作为父母，应该在孩子面前有威严。事实上，连孔子尚且对身边的普通人做着不耻下问的举动，更何况普通的父母们呢？还有一个原因就是随着社会的飞速发展，那些升入初中或高中的孩子，他们获得知识的深度和广度也远非他们的父母辈们可比。

静静自小在爷爷和奶奶的身边长大。父母都是普普通通的农民，在孩子的教育问题上，思想观念一直很落后。静静父母经常摆出父母的架子，对静静不是动手就是呵斥。特别是父母与其他大人讲话时，妈妈从来不许静静插嘴，妈妈的话是这样讲的："大人说话，小孩子不许瞎插嘴。"因而，静静自小就非常害怕自己的父母，尤其是在父母情绪不好的时候，看着父母阴沉的脸，静静吓得连大气儿都不敢出，生怕惹到父母，被呵斥甚至被打。因此，别说静静向父母请教了，在父母面前，静静连基本的尊严都没有。这样的教育方式导致静静自小就自卑，处处觉得比别人矮一头。

静静家里，爷爷与二伯母的关系非常紧张，动不动就打得人仰马翻的。一次，爷爷和二伯母又不知道因为什么事情吵了起来。争吵中，二伯父也加入了"战争"。令人寒心的是，二伯父偏向自己的媳妇，这可气坏了爷爷。于是，爷爷决定去法院告二伯父不孝。

这种情况，爷爷的其他几个孩子都不好说话，因为一边是父母，一边是兄弟，大家谁都不愿意得罪人。静静坐在屋子里听着，突然间也不知道哪来的勇气，突然在大人说话的时候，插嘴了。

"爷爷，我觉得您想去告二伯父，应该和您的其他几个孩子商量一下。看看大家是什么意见。"静静说道。

"嗯，别说，孩子说得还真对，的确应该和他们商量一下。"爷爷恍然大悟。事实上，"和其他几个孩子商量一下"，只是为了给彼此一个台阶，让其他的几个孩子主动出面，和解一下，毕竟二伯父也是爷爷的亲儿子。最后的结果正如静静和爷爷期待的那样，二伯父在其他几个兄弟姐妹的劝说下，向爷爷道歉了。一场差点闹上法庭的家庭纠纷竟然被一个不到十岁的孩子解决了。

很多年之后，静静仍然对当时爷爷能采纳她的意见时的惊讶心情记忆深刻，似乎那是她人生中第一次被肯定。

事实上，多向孩子请教问题，可以增加孩子对学习的兴趣。既然很多父母总是头疼孩子不爱学习。那么，多向孩子请教问题，不正是一种很好的激发孩子学习兴趣的好方法嘛！

父母不妨和孩子换位思考，在周末或假期等空闲时间，开展一场"大"学生、"小"老师的亲子互动活动。让孩子扮演老师，定时备课、定时给学生讲课，解答学生的疑问；父母来扮演学生，听孩子讲解知识。

　　"教学相长"，孩子讲解的过程也是加深自己对知识理解的一个过程，为了能够讲得顺畅，孩子必然要做一定的准备工作，这样非常有助于激发孩子学习的主动性。此外，孩子给父母讲课的成就感，也会让孩子充满学习热情。

　　孔子说："三人行，必有我师焉。"既然他老人家都可以如此谦虚、不耻下问，为什么父母们不可以放下架子，向孩子请教呢？难道就因为孩子年龄小、阅历少，所以就不值得被尊重吗？父母需要放下思想包袱，只要是在孩子占有优势的方面上，父母都可以诚心向孩子请教，让孩子扮演"老师"的角色给自己答疑解惑。

　　向孩子学习，要求父母先要把自己变成孩子，站在孩子的角度，放低姿态，蹲下来和孩子沟通。只有这样，父母才是真正诚心地向孩子请教问题，才能真正起到激发孩子学习热情的效果。

　　很多父母对孩子的要求过高，总是认为自己的孩子一无是处，从不着眼于孩子的优点。事实上，每一个孩子的身上都有优点，只是被父母埋没了。父母要善于发现孩子身上的亮点和优点，从而有针对性地向孩子请教问题，让孩子更有学习动力。

第八章
好习惯成就大未来
——良好的学习习惯胜过千言万语

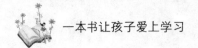

1. 学习习惯足以影响人的一生

"孩子很聪明，可不知道怎么回事，考试经常考倒数几名。"

"每次写作业都要有人监督，不监督就不写。"

"这个月已经接到三次老师的电话，反映孩子上课不认真听讲，偷偷摸摸玩。"

"孩子很排斥去学校，不知道为什么那么厌学，每次上学都要生拉硬拽，甚至为了不去学校故意装病逃学。"

……

面对孩子在学习上的诸多"毛病"，绝大多数父母都会忍不住对孩子大发雷霆、严厉批评，可事实上，父母除了能发泄情绪让自己心里痛快外，发火、训斥、责打等教育方法不仅没有多少实际作用，还会激发孩子的叛逆心理，同时也会破坏亲子之间的温馨感觉。

科学研究发现，除天生智力及身心疾病等因素外，孩子在学习中有超过85%的"毛病"和"问题"都与不科学、不正确的学习习惯有关。所谓"学习习惯"，从心理学角度来讲，即个体在学习过程中，经过不断反复练习，不断重复某一行为模式，从而逐渐形成并发展的自动化学习行为方式。

俗话说，"金无足赤，人无完人"，可以毫不夸张地说，每个孩子身上都或多或少有一些不良的学习习惯。比如，不及时完成作业，马虎粗心，不认真听讲，上课睡觉，做事拖拉，等等。那么，这些糟糕的学习习惯究竟是怎么形成的呢？

下面，以孩子"写作业"的情况为例，我们进一步分析不良学习习惯究竟是怎样形成的，形成的原因又是什么。具体如下图所示。

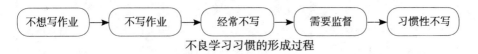

不良学习习惯的形成过程

由图可知，孩子"习惯性不写"的源头只是一个，即"不想写作业"的想法或念头，当面对电视、游戏、手机、玩耍、漫画书等外界诱惑时，在缺乏自控力、没有有效监督的情况下，孩子往往就会把"不想写作业"的想法变成一种"不写作业"的行为，如果父母没能及时发现，并及时纠正孩子的不良学习行为，那么这种"不写作业"的行为就会经常发生，并随着次数的不断增多，最终形成一种比较稳固的自动化的行为模式，即"习惯性不写作业""没人监督不写作业""不管怎么批评还是不写作业"等。

习惯对于孩子的学习和生活有着非常重大的价值和意义。正如萨穆尔·斯迈尔所说：播种思想，收获行动；播种行动，收获习惯；播种习惯，收获性格；播种性格，收获命运。一个良好的学习习惯不仅可以提高学习效率，还能激发孩子学习的主动性和积极性，提高自主学习力、创新力和创造力，这也将是父母送给孩子最宝贵的财富。

要想帮助孩子养成良好的学习习惯，首先必须了解他们的心理活动机制。美国斯坦福大学的心理学家瓦特·米加尔曾于1960年在斯坦福大学幼儿园专门做过一项实验，即鼎鼎有名的"糖果实验"。实验的问题：是选择立即吃掉糖果，还是忍耐着不受糖果诱惑，以便多获得一些奖励？其实，每个孩子在学习时，也都在经受着"糖果"的诱惑，而这些诱惑正是他们养成良好学习习惯的大敌。玩与学的心理博弈如表1所示。

表1　玩与学的心理博弈

学习	学习PK玩耍	玩耍
（1）认真听老师讲课	正面：认真听课，可能会被老师、父母夸奖 负面：偷看漫画书可能会被"抓包"，然后书被没收，接受老师批评，甚至还要请父母	（1）偷偷看自己喜欢的漫画书
（2）一回家就写作业	正面：写完作业就可以毫无负担地玩了，而且还可能获得父母奖励的小礼物 负面：父母回家发现没写作业就玩，肯定会大发雷霆，轻则被训，重则挨打	（2）爸妈还没回家，先打会游戏
（3）预习即将要学习的课程	正面：老师讲课时会更容易听懂，使学习更轻松、更有效率 负面：可能会因说悄悄话影响纪律而被批评、罚站等	（3）和同桌小声说说悄悄话
……	……	……

通过表1，我们可以看出，孩子在决定是"写作业"还是"玩耍"时，

心理活动的内容主要有两方面：一是可能获得的奖励，二是可能获得的惩罚。当他们被正面的奖励吸引，或惧怕负面的惩罚时，往往就会选择学习，反之则会选择玩耍。父母在运用奖惩措施引导孩子的选择行为时，一定要把握好尺度，切不可把奖励变成收买，也不宜惩罚太过严厉、频繁，以免让孩子失去对惩罚的敬畏之心，这样反倒会越管越不服管。

正确的学习行为只要重复 21 天就会形成习惯，不过很多行为心理学家认为，用 21 天所形成的良好学习习惯还不稳固，只有 90 天以上的重复才能形成稳定的习惯。不管是孩子不写作业、逃学，还是上课不认真听讲，作为父母，我们都不能大动肝火，不妨运用"奖惩"来帮助孩子做出正确的行为选择，先连续坚持 21 天，再继续坚持到 90 天。这时，你会惊喜地发现孩子学习中的坏习惯得到了明显的矫正，而且好习惯也随之建立起来了。

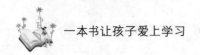

2. 怎样培养孩子自主学习的好习惯

要想培养孩子自主学习的好习惯，我们首先要清楚习惯到底是如何运作的。在了解之前，我们先听一个故事：

美国有位病毒性脑炎的老年患者，经过及时的治疗，虽然痊愈了，但是病毒在他脑中侵蚀出的那个核桃大小的空穴依然存在，这个空穴导致他丧失了近30年的记忆，而且，这位老人之后的记忆力也受到了严重影响，他的大脑对所有新产生的记忆只能保存很短的时间。这导致他经常做重复的事情，问重复的问题。但奇怪的是，老人可以自己出去散步，而且从不会迷路。

通过心理学家的测试后人们发现，如果让老人画出住所的结构图，他根本就做不到，但他却能条件反射似的按照固定的轨迹外出，然后返回。原来，在人类的大脑深处，有一个古老原始的结构，叫基底核，它可以控制人的自动行为，比如，吞咽和呼吸，以及各种形式的条件反射。而且，基底核甚至可以取代大脑进行工作。

也就是说，一些习惯一旦养成，大脑对习惯是没有支配能力的，习惯发生时，大脑根本无法分辨出好、坏，只负责进行。这也是为什么我们经常无意识做一些我们自己并不认同的事，比如，抖腿、啃指甲。

人们常说"习惯成自然"，说明习惯是一种省时省力的行为，常常不假思索就会自觉地、经常地、反复地去做。当孩子频繁重复一种行为时，身体就会自动形成一种认知习惯，它会默认孩子到了这个时间点就该进行某些行为，所以，不用大脑发出指示信号，孩子的身体也会自然而然地去这么做。

习惯不是一般的行为，而是一种定型性行为。曾有一位孩子教育专家说过："习惯是人在一定情境下自动化地去进行某种动作的需要或倾向。比如，如果孩子养成在饭前、便后或游戏后一定要洗手的习惯后，那么完成这种动作就已成为他们的需要。习惯形成就是指长期养成的不易改变的行为方式。习惯形成是学习的结果，是条件反射的建立、巩固并臻至自动化的结果。"

当然，形成这种习惯和自动化的前提是，人必须经历过一段长期的下意识地重复或者训练。也就是说，父母完全可以通过合理的教育方法，帮助孩子形成学习惯性，从而让孩子能够自主学习。

每个孩子都有很多根深蒂固的学习习惯：按时或者不按时写作业；熬夜学习或者早睡早起；先学习再玩耍或者是先玩耍后学习……这些都是学习习惯，好的学习习惯能潜移默化地帮助孩子变得更好，而坏的学习习惯也能像慢性毒药一样荼毒孩子的一生。

那么，养成或改掉一个习惯，到底是困难还是容易呢？教育学家认为，习惯这个东西太强大，尤其是想真正建立一个好的学习习惯，这是非常困难的。但是，先不要沮丧，这里所说的困难只是针对于行为惯性本身。因为有心理学的研究证明，运用心理学家建议的方法，大多数人都可以很好地改变旧有的坏习惯，取而代之的是让众人艳羡的好习惯。

　　父母要想帮助孩子改变坏的学习习惯、建立好的学习习惯，一定要有耐心，因为这是一个比较漫长的过程。此外，孩子也需要个人主观上认识到问题的所在，并重视新的、好的学习习惯的养成，能依照科学的方法坚持好习惯的养成。

　　了解了习惯的发生过程，那有什么方法可以帮助孩子养成自主学习的好习惯呢？

　　（1）增强暗示，使用奖励机制。要想做到这一点比较难，因为这相当于从源头去改变习惯。比如，一个不爱学习的调皮男孩，忽然埋头苦读了，父母往往不会觉得他真的对学习感兴趣了，反而怀疑他是否暗恋班上的某个女同学了。父母为什么会有这样的直觉？因为人的行为最容易被奖励所驱动。而且这个奖励必须是可预见，且实现可能性极高的。如果父母能寻找到一个能够预见，且预期较短，并对孩子有足够吸引力的目标来督促孩子的学习行为，这将是一个建立好的学习习惯的好办法。

　　（2）习惯回路一旦建立，就永远留在了大脑内，所以行为模式是不能改变的，只能用新习惯来代替旧习惯。比如，对一个爱玩游戏的孩子来说，让他们不玩游戏是非常痛苦的，很多孩子宁愿牺牲睡眠时间也要玩游戏。心理学研究发现，单纯的改变一种坏习惯，远远不如用好习惯代替坏习惯容易。父母要想改变孩子的某种学习习惯，首先要明白这种习惯的发生心理动因，然后寻找一种好的方式代替它。

3. 引导孩子坚持预习、复习

预习，可以让孩子在正式学习之前，对即将要学习的知识有一个基本的理解和认识，在预习中发现问题，从而带着疑问有针对性地听课、正式学习，对于升入初中的孩子而言，随着课业负担的加重，这是一种提高课堂学习效率的有效方法。

复习是对抗遗忘最有效的工具。德国心理学家艾宾浩斯采用严格的数量测定方法对记忆进行了系统实验，并成功绘制出"艾宾浩斯遗忘曲线"，科学揭示了人脑的记忆与遗忘规律。比如，已经学会的知识，如果不能及时复习、巩固记忆，那么时间一长就会忘得所剩无几，所以对于孩子的学习来说，复习也是必不可少的。

预习、复习是提高孩子学习效率和学习成绩的重要方法，广大父母要引导孩子在学习中坚持预习和复习。

（1）阅读预习法。这是一种非常容易掌握的预习方法，阅读预习法，顾名思义就是采用阅读的方式来预习的方法。

首先是把要预习的内容，从头到尾阅读一遍，既可以大声朗读，也可以默读，父母可以根据孩子的阅读习惯或兴趣，让孩子自主选择阅读的方式。其次，是在书桌前坐着读，还是站到院子里读，都可以把选择权和主动权交到孩子手中。需要注意的是，父母要提醒孩子一边读一边思考：预习的内容大体讲了什么？读完之后懂了多少？哪里懂了，哪里不太懂？并要求孩子把这些都记录到预习笔记本上。

预习不仅可以让孩子对即将要学的知识有一个基础性认识，还能够检验孩子的学识水平。不妨让孩子对比一下，自己预习时对知识的理解与老师的讲解有哪些差距，造成这种差距的原因是什么？是来自知识方面的，还是方法上的？找到了原因，孩子也就找到了补短板的目标。

（2）回顾复习法。"艾宾浩斯遗忘曲线"非常直观地揭示了人脑的遗忘规律（见下图）。

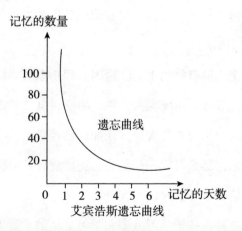

艾宾浩斯遗忘曲线

遗忘的进程由快到慢，新学习的知识如果没有及时复习，一个小时过后就会遗忘多半，一个月后将会遗忘将近 80%。这一曲线的发现及 1999 年依据这一曲线找到的最佳复习时间间隔 T 和最佳的复习频率，让人们从繁重的脑力记忆劳动中解放出来，这是一场史无前例的脑力革命，大大提高了人类的学习速度。虽然人脑的遗忘规律不可改变，但这一规律可以为我们更好地记忆提供非常有价值的参考。

回顾复习法是对抗遗忘的一种非常有效的方法。孩子常常会出现学过的知识忘记了，或者记不全，或者记错了自己却不知道等情况，而这些情况又会形成学习新知识的"绊脚石"，要想提高孩子的学习成绩，必须要努力弄清楚这些"绊脚石"。

回顾复习法，即对已经学过的知识进行回顾：晚上睡觉前，可以回顾一下这一天的学习内容，倘若有什么回忆不起来的，或者不能完全回忆起来的，可以再重新翻书看一下，从而加深一下记忆。

如果等到全部忘光了再去复习，那么这和重新记忆一遍完全陌生的信息没有什么两样，孩子只会耗费更多的精力和努力再次识记。根据"艾宾浩斯遗忘曲线"的规律，我们可以发现越早复习就越能更好地避免遗忘，通过复习让记忆量从 80% 提升到 100%，显然要比从 50% 提升到 100% 要容易得多。尽早复习是事半功倍的记忆好方法。

此外，人脑对最先记住和最后记住的部分，其记忆效果往往更好，而中间部分则比较容易遗忘。所以，孩子在记忆大量的材料时，父母不妨帮助孩子将其拆分为几个部分，这会大大提高记忆效率。此外，在复习策略上，也可以区别对待记忆材料，如首尾的材料可减少复习次数，而中间容易被遗忘的部分则可以有针对性的多复习。

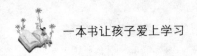

4. 说到做到：学习计划不落空

制订学习计划固然重要，但关键在于执行，父母要学会引导孩子说到做到，坚决做到学习计划不落空。

如果学习目标明确了，学习计划也制订了，那么接下来最关键的一步就是执行了。如果孩子不能如期执行制订的学习计划，那么制订的计划也就相当于白费了。要想执行好学习计划，父母应该督促孩子做到以下几点：

（1）自觉自发地执行，杜绝外部干扰。孩子只要有了学习的主动性和积极性，就能够自发地去执行学习计划。虽然生活中孩子的计划难免会被一些外部因素所干扰，但是只要孩子的意志够坚定，就不会影响学习计划的执行。为了目标的实现，一定要让孩子主动去完成计划，杜绝外部干扰。

（2）经常用目标和时间表来提醒自己。在学习计划执行了一段时间后，孩子难免会感觉枯燥、乏味，这时候如果放弃了，那么之前的努力就付之东流了，所以父母要时刻警醒孩子要坚持，不能放弃。父母可以让孩子把中长期目标、周时间计划表和日时间计划表等放在醒目的地方，这样孩子可以经常看到。经常看看目标和时间表，可以让孩子将希望实现的目标变成一种强烈的欲望，大大增强学习的主动性，能够保证孩子不断地向目标靠近。

（3）经常进行自我反省。在执行学习计划的过程中，需要引导孩子经常进行自我反省，也就是孩子对自己计划的执行做一个简单的评价和检查，使孩子对计划执行情况做到心中有数，同时也可以检查学习计划是否科学合理。如果感觉执行效果不错，那么就应该更加努力地去执行学习任务，如果感觉某些计划制订的有欠缺，那么就要对此及时调整，防止学习路线偏离正确轨道。

（4）经常进行自我激励。在进行自我反省时，如果取得了好的成绩，就应该适当地奖励自己，通过这种形式，孩子就能充分感觉到自己的劳动成果，使自己充满自信。使孩子在激励中认识自我，发展自我，从而实现自己的目标。

（5）克服懒惰的思想。人人都喜欢安逸，每个人都有懒惰的思想，就像做一个烦琐、复杂的劳动，如果没有付出就不会有收获。孩子在执行学习计划时，一定要注意克服懒惰的思想。实现目标是一个高强度、高效率劳作的过程，要想取得更好的成绩，就要比别人付出更多的努力和汗水，牺牲更多的休息和娱乐时间，抵抗住各种诱惑，能耐得住性子执行自己的计划，因为成功是没有捷径的。

（6）坚定信念，绝不言弃。在学习过程中，要把一个美好的文字计划转变成实际的学习行动，这个过程既乏味又困难重重。面对困难时，人往往会有放弃的念头，以至于又重新回到起点。孩子在这种情况下，要对自己坚定信念，绝不言弃。因为，人的潜能是无限的，只要努力不放弃，任何奇迹都可能发生，要相信坚持到底就能取得成功。

要想让孩子很好地执行学习计划，就要帮助孩子对时间进行合理的统筹安排。如果能够合理安排学习时间，那么学习计划执行起来就更加容易，效率也会更高；如果时间安排不够合理，就会为计划的执行带来很多困难。那么，作为父母，我们该如何帮助孩子巧妙地安排学习时间呢？

（1）根据学习内容合理安排时间。由于孩子学习的时间是有限的，所以在执行学习计划的时候，要根据学习内容的主次，详略合理地安排时间。

（2）零星时间也能发挥大价值。不要小看零星时间，俗话说"聚沙成塔"，如果能够将零星的时间集合起来，那也是段宝贵的时间。父母要引导孩子充分利用好零星时间，发挥它们的巨大价值，这样就会取得比别人更好的成绩。

（3）调整适合自己的作息时间表。孩子要根据每日作息时间表的执行情况，调整每个学习项目的顺序或时间的长短安排，因为一个适合孩子的学习时间表不可能一次成形，只要调整到一个符合孩子情况的作息时间表就可以了。

（4）注重时间的利用率。对于时间的掌控，每个孩子都不尽相同，要根据孩子的特点，分出轻重缓急，尽量合理安排时间，这样可以达到事半功倍的效果。

此外，劳逸结合也是保证时间有效利用的一个重要方面，人的大脑就像橡皮筋，经常保持紧绷就会失去弹力，只有适当的放松，弹力才会恢复。只有学习与休息巧妙结合，才能更好地执行学习计划。

5. 先学习再玩耍，让孩子习惯延迟满足

许多父母都有这样的感觉，"现在的家庭作业不仅仅是老师给学生布置的，也是给父母布置的"。的确，似乎没有孩子喜欢做作业。只要一放学，孩子们就算彻底解放了，根本不愿意继续做任何与学习有关的事情。于是，写作业就成了一件令孩子非常痛苦的事情。

春英的妈妈每天都会因为孩子写作业的事情，与孩子发生摩擦。这一天也不例外。春英放学后，就被妈妈第一时间抓回家里做作业，原本春英还想与同桌小华再玩一会儿，结果美好的愿望只能"作废"。

春英觉得肚子很饿，想吃过饭再做作业。但妈妈拒绝了，非要孩子做完作业再吃饭。为了能够早点吃饭，春英奋笔疾书。正在这时，妈妈单位来电话了，有件突发事件需要妈妈立即赶回去处理。没有办法，妈妈只能对孩子千叮咛万嘱咐："一定要把作业写完。"说完，妈妈急着赶回了公司。

晚上十一点多，妈妈处理完工作后回到家里。此时春英早就上床睡觉了。妈妈摇了摇春英，轻声地问道："作业写完了吗？"春英迷迷糊糊地点了点头。

结果第二天，老师在父母群里发布了没有完成作业的孩子名单，春英

的名字就在其中。妈妈看到之后，顿时气"炸"了。回到家里，妈妈狠狠地将春英揍了一顿，并要求春英保证以后要按时完成作业。

在母亲的严格管制下，春英对写作业变得更加抵触了，每天一想到要写作业，就觉得头疼。母亲也是如此，每天并不感觉轻松。

生活中，孩子不爱写作业的习惯，的确让很多父母头疼不已。其实，孩子也感到非常头疼，他们将写作业看成一种负担，每天都被老师、父母强迫着执行。这种状态最终演变成：孩子写作业不是为了更好的学习，而是为了免受父母和老师的惩罚。心怀这样的目的，孩子怎么能产生做作业的动力？

要想让孩子养成按时写作业的好习惯，就要让孩子习惯延迟满足。玩耍与写作业比较起来，显然玩耍是孩子更渴望的，一旦放纵孩子先玩耍再写作业，那么就很容易出现"孩子玩起来没完"的情况，有些孩子还会用特别可怜的眼神对着父母撒娇"就让我再玩儿一小会儿吧，就一会儿，一分钟"，但实际上孩子的承诺往往是无效的，一会儿一会儿又一会儿，时间在悄无声息中溜走，孩子的作业却是一点也没动。

当孩子渴望玩耍时，父母要引导孩子习惯延迟满足，让孩子先学习再玩耍，不妨承诺孩子，如果他们能够先学习并较好地完成作业后，可以获得更多的玩耍时间。

无法抵制诱惑是人性的通病。其实，孩子在一生当中会面对许多诱惑，站在十字路口，究竟是被眼前的利益俘虏，还是克制自己为更长远的利益打算，这是一个事关成败的艰难抉择。巴菲特是众所周知的"股神"，他在谈及自己的投资成功之道时，十分坦然地说道："我在投资初期并不如意，但我面对蝇头小利从不动心，就是因为这种克制才让我把'雪球'

滚得越来越大。"

　　当孩子同时面对学习和玩耍，很难做出抉择时，父母不妨和孩子讲一讲"糖果效应"的道理，唯有克服小诱惑才能得到更多，唯有先学习再玩耍才能玩得更痛快，没有心理负担。

　　很多父母习惯性地催促孩子做作业，甚至在孩子做作业的过程中，一直在旁边喋喋不休，一会儿斥责孩子写字难看，一会儿又斥责孩子不认真、坐姿不对等。父母这样做的结果，只会让孩子更加不愿意做作业。因为没有人喜欢被别人催促着做事情，更不会有人喜欢做事情时，旁边有人动不动就训斥自己。这样的行为，会大大加重孩子的叛逆心理。

　　父母们需从小强化孩子做作业的意识，让孩子知道学习是比玩耍更重要的事，应该排在玩耍之前，要引导孩子独立完成作业，逐渐脱离父母的约束，变成主动做作业。渐渐地，孩子主动做作业的习惯就形成了。如此，在进入初中、高中阶段的学习也会变得相对轻松。

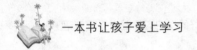

6. 立即行动，从此不再"磨洋工"

懒惰是人性的组成部分，在潜意识深处，人都是好逸恶劳的，表现在现实生活中就成了各种各样的拖延症，未成年的孩子也不例外。从心理学角度来讲，拖延往往会让人背上沉重的心理负担：悔恨、愧疚、压力、烦躁、不安……这些心理负担只会让孩子更没有学习效率，要想让孩子远离这种糟糕状态，就必须帮助孩子战胜思维惰性，养成主动学习的好习惯。

如今，手机、"平板"、游戏机等广泛普及，使得孩子们熬夜、磨蹭、拖延的情况更加严重。晚上写作业的时间，孩子一会儿玩玩手机，一会儿看看动漫，很晚了还要躺到被窝里玩好一会手机；该吃饭了，孩子坐在游戏机前玩游戏，父母喊了一遍又一遍，始终停不下来……

明明周末就应该写完的作业，硬是拖着没写，于是周一早晨四五点钟起床狂补；老早就喊着要出去玩，可一坐在游戏机前，身体就像被粘在了椅子上，拉都拉不起来……现在有很多孩子都有类似的情况，其实，这都是思维惰性在发挥作用。

"明日复明日，明日何其多，我生待明日，万事成蹉跎。"对于未成年的孩子来说，每一天都是非常宝贵的，一旦因为思维惰性而养成了拖延的坏习惯，就会变本加厉，陷入"四面楚歌"的境况，整日饱受悔恨、愧疚的内心折磨，这也不利于孩子的心理健康发展。

正如一位参加拖延治疗的学生所说："拖延就像蒲公英。你把它拔掉，以为它不会再长出来了，但实际上它的根埋藏得很深，很快就又长出来了。"为什么拖延如此难以连根拔除呢？

一方面，逃避心理与行为拖延是一对双生花，当孩子面对学习困难、挫折时，会产生逃避心理，这将促使孩子通过拖延获得一定的喘息时间，尽管事后要付出更大的代价，要饱受愧疚、悔恨等内心的折磨也在所不惜。所以，父母要引导孩子学会面对事实和困难，鼓励孩子不要当"逃兵"，只有当孩子有勇气去面对一切困难时，因逃避而滋生的拖延才会失去成长的土壤。

另一方面，孩子始终都会受到外界的诱惑，比如，好玩的游戏、好吃的零食、有趣的玩具……并不是每一个孩子都具备超强的抵制诱惑的自控力，即便是自控力很强的孩子，在面对一个无比诱人的条件时，也很可能会动摇，从而为了诱惑而抛弃学习，造成拖延，现实中常见一些孩子，因为受到游戏的诱惑，就跑去兴致勃勃地打游戏了，却把老师布置的家庭作业抛在了脑后。

总的来说，增强自控力是解决孩子做事拖延的重中之重。要想让孩子立即行动，不再"磨洋工"，父母可以从以下三个方面做准备：

（1）强化好奇心。好奇心是促使孩子行动的最原始驱动力，我们千万不要破坏孩子与生俱来的好奇心和探索欲，要让他们保持对新鲜事物的好奇，有意识地培养他们勇敢、无畏的探险意识。当孩子有什么突发奇想时，不要强硬扼杀，而是要鼓励孩子去试一试，这将有利于帮助孩子养成迎难而上的行动习惯，对克服思维惰性，跳出固化思维有很大帮助。

（2）强化行动力。尤其是对于那些"想得多做得少"的孩子，强化行动力的办法是非常有效的。想得越多的孩子，拖延的情况往往就会越严重。如果人总是处于一种空想或思虑的状态，那么自然就会变成"思想上的巨人，行动上的矮子"。在现实生活当中，空想与拖延往往是一对双生花，如果做事总是瞻前顾后，前怕狼后怕虎，那么行动难免会拖拖拉拉。提高行动力是战胜思维惰性的一个有效办法，我们不妨有意识地去强化孩子的行动观念，"不去做怎么能知道结果？""想法超棒，应该赶紧行动起来，以免被别人抢先呀"父母可以多用这类话语去鼓励、引导孩子。

（3）给孩子支配权。有些父母在孩子升入初中以后就会把时间给孩子安排得满满当当的。写完作业要学英语，学完英语又要做奥数题……孩子的学习效率越高，完成的学习任务越多，父母随之施加的担子就越重，如此一来，不少孩子就学会了用"拖延战术"来为自己减负。为了避免这种情况的发生，同时提高孩子立即做事的积极性，要给孩子一定的自由支配时间。布置固定的任务，如果孩子能提早完成，剩下的时间就可以让孩子自己自由支配，如此一来，孩子们自然愿意有事赶紧做，做完好去快乐地玩耍。

7. 亲子互动：一起制订学习计划

无论是在生活中还是在学习中，做任何事情都要制订计划，然后可以按照计划有条不紊地进行，这是学霸们的必备技能。如果没有计划，"胡子眉毛一把抓"，不仅不能按时完成学习任务，还会分散孩子的注意力，使孩子陷入茫然不知所措的境地。所以，帮助孩子养成提前计划的好习惯是家庭教育的重要内容。

没有计划，就会什么也做不好。然然今年上五年级了，可做起事情来总是拖拖拉拉、没有计划。平日里还好一些，无非就是做作业慢一些，别的孩子可能几十分钟就把作业做完了，而她每天都要做到夜里很晚。然然妈妈的工作很忙，加上年纪也大了，精力有些跟不上，因为孩子做作业慢的问题总是冲孩子发火。

这一天，妈妈还没有下班就打电话叮嘱然然赶快写作业，不然又要写到半夜了。但等到妈妈下班回来，只见然然一边看着电视，一边做着作业，连一行字都没有写完。妈妈生气了，关掉电视机，坐到孩子的对面监督孩子写作业。只见然然低着头写作业，还不到两分钟便抬起头问道："妈妈，我们家的小仓鼠怎么样了，我能去看看它吗？""你赶快给我写作业，在作业写完之前什么也不许做。"妈妈生气地说道。孩子赶紧又低下了头。

没过多久，妈妈发现然然竟然玩起了自己的小手。妈妈一声大喝，然然赶快又写起了作业。就这样，然然断断续续地写到了十二点，作业还是没有写完。然然妈妈气坏了，抄起床上的笤帚结结实实地打了然然一顿。

第二天，老师点名，没有写完作业的孩子里又有然然。

这就是然然的做事方式——从来没有专注地去完成一件事，做事总是东一下，西一下，没有计划。然然这种习惯的养成与父母的后天教育有着直接关系。在然然小的时候，妈妈就一个人带着她，一会儿陪她玩游戏，一会儿又去做别的，常常正帮孩子扎着辫子就又开始做别的事情了。孩子从小耳濡目染，自然也养成了这种做事习惯。

然然还小，现在的主要任务就是学习，所以孩子这种做事没有计划的习惯还没有给她带来过多的影响，但等到然然长大后，如果这个习惯一直不改掉的话，会对她的生活造成很大的影响。因为做事没有计划，时间往往会被浪费，注意力也会被大大分散，这样一来还能做成什么事情呢？众所周知，钉子之所以能够刺穿坚硬的木板，就是因为钉子的头部很尖锐，可以将所有的力量都集中于一点，做事情也是一样。如果事先做好了计划，就能按照计划一步一步进行，就能将注意力集中起来，按部就班地完成事情。

要想让孩子在有限的时间内，提高效率，多做事情，父母就要有意识地帮助孩子养成事先做计划的好习惯。

找一个空闲时间，和孩子一起来制订学习计划吧！一方面可以培养孩子做事情之前要有计划的意识；另一方面还可以增进亲子关系，可谓一举两得。

那么，学习计划该如何制订呢？其实很简单，就是把近期要做的事情一项一项地列出来，加上序号、标准、期限，这样按照排好的顺序一件一件地做起事情来，就会有条不紊。具体内容有以下几点：

（1）父母要引导孩子养成做计划的习惯。孩子想去国外玩，此时父母可以提醒孩子，既然决定要去国外，就一定要提前学好出国必备的简单英语对话，然后再引导孩子提前想一想，到国外之后可能会用到哪些英语句子或单词、短语，自己需要在多长的时间内学到多少英语知识，等等。这个看似简单的"想一想"实际上就是在帮助孩子做学习英语的计划。如果父母在孩子做事情之前，每次都能这样提醒一下孩子，久而久之，即便父母不再提醒孩子了，孩子也会自己思索着要提前做好哪些计划。这样，孩子就养成了做计划的好习惯。

（2）把各个步骤按顺序排列起来。当孩子已经想好要做的计划时，父母还需要帮助孩子为计划中的每个步骤排好顺序，并分配好时间。比如，孩子要去奥数班集训三天，父母可以提醒孩子，在这三天的计划中，按顺序排列好先做什么，再做什么，然后再分配一下具体时间。这样一来，一个完整的计划就完成了。

（3）准备备用方案。制订计划时，父母需要提醒孩子，如果有意外情况出现，计划中要有备用方案，说明此时应该如何调整。比如，原本计划去上舞蹈班，可是下雨了，舞蹈老师因担心孩子们的安全取消了课程，这时就需要用到备用的学习方案了。

第九章
学无止境，一同前行

——在学习路上与孩子共同成长

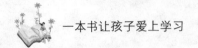
1. 这是一个终身学习的时代

一说到学习，绝大多数父母都会认为这是孩子的任务，和自己没什么关系。

"我都这个岁数了，工作和事业也基本上定型了，还有什么可学习的？"

"现在知识更新速度太快了，早都跟不上时代了，就算有心想学点新东西，但整天忙于工作生活，根本就没有精力了，想一想还是算了吧！"

"公司新来的年轻人懂的可真多，我也想与时俱进，还专门向年轻人请教，买了不少专业书籍回家，也下决心花时间看点书，但是不服老不行，现在不但记忆力差，连理解能力也退化了，学了半天也没什么起色，我没坚持住就放弃了，未来是属于年轻人的啊！"

……

在现实生活中，不少父母们天天督促孩子要努力学习，自己却早早放弃了学习。实际上，从家庭教育的角度上来讲，这对孩子是非常不公平的。凭什么父母不学习，却天天督促孩子学习？不学习的父母凭什么斥责孩子学习不好、学习不努力？

为了让父母们学会换位思考，某小学曾专门组织父母们考试，试卷是孩子们刚刚用过的试卷。考试结果令人大跌眼镜，父母们的考试平均分只有 66.7 分，最高分 93 分，而孩子们的平均分高达 90 分。但事实上，除了考到满分的孩子，绝大多数孩子的分数都没能让父母们足够满意。

父母都做不到的事情，却在嫌弃孩子做得不够好，实际上这是今天普遍存在的一个教育问题。学习并不是孩子一个人的事情，父母也应该在学习上有追求，对自己有要求。这样做，一来可以为孩子树立一个好的学习榜样，因为以身作则的教育远远要比口头说教有效得多；二来学习对父母自身的成长也是非常有益的。

21 世纪是一个日新月异的时代，互联网的快速发展，让知识、技术、科学的更新速度也变得越来越快，这意味着，广大父母们曾经在学校里掌握的工作技能，远远不能支撑其好好的工作一辈子，没有学习能力的父母，在工作和事业的发展上注定会越来越受限制，人生之路注定会越来越艰难。

这是一个全民教育的时代，也是一个全民学习的时代。人们常说"活到老，学到老"，学习这件事，从来都跟年龄无关。即便是已经走出校园的成年人、工作多年的中年人、即将退休的职场人、已经退休的老年人，都应该坚持终身学习。

国际 21 世纪教育委员会在向联合国教科文组织提交的报告《教育：财富蕴藏其中》中指出："终身学习是 21 世纪人的通行证。"21 世纪是一个高速发展的互联网时代，互联网正在彻底改变着人们的生产、生活，如果不学习，必然会被这个时代抛弃，也可能连技术带来的便捷生活都无法享受。试想一下，一个不会使用智能手机的人，如何在这个到处都是二维码的社会上便捷地工作、生活。

　　早在 1994 年，终身学习就已经在全世界范围内形成共识。如今，市场上为广大离开校园的成年人提供了各种各样的学习渠道：网络上各种各样的自学资料、学习互助小组、丰富多彩的继续教育课程、短期技能培训……只要你愿意学习，那么就可以轻而易举地享受到丰富的学习资源。

　　广大父母们，不要再为自己的"不学习"行为找任何借口，从今天开始，和孩子一起学习吧！学无止境，父母可以和孩子一同进步、一起前行。

2. 要求孩子学习，请自己先做到

　　"龙生龙、凤生凤、老鼠的儿子会打洞"，父母对孩子潜移默化的影响是非常巨大的。除先天的基因遗传外，生活中父母的言传身教对孩子的成长、价值观的形成等也具有非常重大的影响。身为父母，千万不要以为将孩子送进校园就万事大吉了，就可以把教育的责任甩给学校、老师了。不管孩子处于哪一个成长阶段，家庭永远都是孩子的第一课堂，而父母也是孩子最重要的老师。

　　天天督促孩子努力学习，自己却对新知识万分排斥，从不主动接触新事物、不主动学习的父母，是不可能培养出热爱学习的孩子的。每个孩子来到这个世界上都是一张白纸，他们会长成什么样子，很大程度上取决于自身的家庭环境、父母、学校等后天的影响与教育。

　　孩子是在不断的"模仿"中逐渐成长并了解这个世界的，而他们模仿的第一对象往往是自己的父母，如果父母本身就不注意规范自己的言行，那么很可能会让孩子在"模仿"中沾染自己的坏习惯，从而对孩子的成长造成很坏的影响。

　　如果你希望自己的孩子成为一个爱学习、追求卓越的人，那么从今天开始，请你先做一个爱学习、充满进取心的人。

　　辰辰妈为了儿子辰辰不爱学习的事情不知道愁白了多少根头发，每天

171

晚上只是督促儿子写作业就已经成了一项十分艰巨的任务，更别说学习其他内容了。

"都快八点了，明天还要上学，赶紧去写作业吧！"辰辰妈一边看着电视一边督促儿子去书房写作业，儿子虽然很不情愿，但还是磨磨蹭蹭去了。眨眼半个小时过去了，辰辰妈去书房检查儿子的学习情况，结果发现辰辰一个字都没写……

口头督促不管用，于是辰辰妈就改成了"监工式"，专门坐在儿子身边，盯着孩子写作业或者是学习其他内容。常常是辰辰妈一边用手机刷着微博，一边气急败坏地批评道，"发什么呆啊，赶紧写，把笔拿起来……"

发现"监工式"的办法也不是很有效，于是辰辰妈多方寻访，又找到了一个新办法。她和辰辰约定要在一个小时内写完作业或者学习其他内容，在这段时间内不会管他如何学习。辰辰同意了与妈妈的约定。"马上就到一个小时了，我去看看辰辰学得怎么样了。"结果辰辰妈发现儿子还是什么都没学，怒火中烧的辰辰妈忍无可忍，于是狠狠训斥了辰辰一顿。

最后无计可施的辰辰妈走进了心理咨询室，寻求专业心理咨询师的帮助。

咨询师："孩子在做自己喜欢的事情时也这么拖拉、没兴趣吗？

辰辰妈："他喜欢玩游戏，一说到玩游戏，跑得比兔子还快。但是像写作业、上课等就相当拖拉、磨蹭，好像与学习有关的事情都比较没兴趣。"

咨询师："这样看来，孩子本身的注意力是没有什么问题的，不写作业是因为他不喜欢学习，很抵触学习，所以才会用这种消极的方法来发泄自己的不满。我想问一下，孩子在写作业或者学习的时候，您和其他家人一般都在做什么呢？"

辰辰妈："他在书房写作业或者学习的时候，一般我和辰辰爸会在客厅看电视或者玩手机，有时候也玩会儿单机小游戏什么的。"

咨询师："父母都不学习，却要孩子赶紧写作业或者学习，孩子内心肯定感到不平衡，这种情况下又怎么可能喜欢学习呢？只有父母以身作则，孩子才会心甘情愿去听从父母的安排，所以当孩子学习或者写作业的时候，建议父母陪在孩子身边也做些和学习相关的事情，比如，一边看与工作相关的书籍一边陪孩子学习……"

在教育孩子的过程中，不少父母都是"双标"：周末了自己去看电影逛街玩耍，却要求孩子必须去上枯燥的学习班；晚上自己在开心地追剧，却强迫孩子一心一意地写作业……如此言行不一致的教育，又怎么可能会产生好的效果呢？

父母学习，孩子才愿意学习；父母爱学习，孩子才会对学习感兴趣；父母如果可以克制玩耍的欲望选择学习，孩子才会从父母身上学会自我管理，从而高效率地去完成自己的学习任务。

父母在训斥、指责孩子学习不上进、不努力之前，请先想一想自己是否做到了主动学习、自觉学习呢？如果没有的话，就没有训斥孩子的资格。自己学习能力不足，自我放弃了，然后就指望孩子努力学习来实现自己未能实现的宏愿，这是很多中国父母的思维方式。事实上，这是非常不讲道理的教育方式，自己都做不到的事情，凭什么要求自己的孩子必须要做到呢？每个人都要为自己的人生负责，我们只能把自己打造成自己最希望的样子，但不能强行要求孩子也成这个样子。

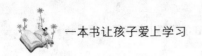

3. 走出舒适区，和孩子一起学习

按时起床后开始准备早饭，和孩子一起吃早饭，然后在上班路上顺便送孩子上学，下班后接孩子、做晚饭、辅导孩子写作业、睡觉……

这是父母普通的一天，也是一个月、一年……似乎每天的生活都是一成不变的，每天都是鸡飞狗跳十分忙碌的，都像打仗一样，但仔细想一想，又觉得是非常无聊、没有意义的。实际上，这种状态也是一种舒适区，日复一日的这样生活，虽然表面看起来父母们每天都累得晕头转向，连好好放松、休息的时间都没有，但很多父母没有去改变的勇气，这又何尝不是另一种意义上的"精神枷锁"。

要想成为孩子的学习榜样，要想在学习的路上与孩子一起成长，父母就必须走出舒适区，做出改变，主动和孩子一起学习。

学习计划对于实现学习目标起着非常重要的作用，父母也要和孩子一样，制订自己的学习计划！相信很多父母对制订自己的学习计划会感到非常迷茫，不知道从哪里开始下手，其实，只要掌握以下几条原则就可以了：

（1）明确学习目标。父母制订学习计划可以让自己的学习目标变得更明确，而明确的学习目标对父母又有很好的激励作用；相反，如果没有明确的目标，就相当于没有计划和追求，接下来的学习就有可能偏离正常轨道。父母的学习目标必然会和孩子的有所区别，父母可以根据自己的职业、兴趣等情况，给自己制订切实可行的学习目标，比如，工作技能提升类的目标，或者是兴趣爱好类的目标。父母可以学绘画、书法、乐器等，这类学习能够陶冶情操，增加生活乐趣，不失为一种走出舒适区的好办法。

（2）计划要考虑周全。学习计划的制订要兼顾多个方面，它不仅包括掌握知识或技能的计划，而且还包括我们全部的生活内容，比如，休息、娱乐、家务、工作、社交活动等，这些都要安排得合理、妥当。毕竟父母和孩子不一样，还有不少生活或工作中的事情要花时间处理，因此制订学习计划更要考虑周全。

（3）长短期计划缺一不可。制订长期计划。由于现实生活中的变数很多，又往往无法预测，所以父母们可以制订一个不太具体的长远性计划，时间可以是一年期或一个季度。

制订短期计划。父母们可以制订一个星期的学习计划，内容一定要具体，把长远计划中的任务分配到每周、每天去完成，使自己的学习任务得以逐步完成。

如果只有长远计划而没有短期计划，那么学习目标是很难实现的，所以两者缺一不可。长远计划是为了明确学习目标而做出的大概计划，短期计划则是为实现长远计划而做出的具体行动安排。

（4）计划要结合实际。父母在制订计划时要注重结合知识能力、工作技能等的实际情况，不要脱离实际，清楚在每个阶段内计划学习多少知识，想培养哪些能力；要知道可供自由支配的时间到底有多少，是否能保证自己的计划能够顺利实施。

（5）体力劳动和脑力劳动相结合。学习是一件很艰苦的事情，主要靠脑力劳动，但人的大脑活动是有一定限度的，用脑过度就会产生疲劳、注意力不集中的现象。所以，学习和锻炼可以交替安排，因为锻炼时运动中枢会兴奋，所以其他区域的脑细胞就得到了休息。父母可以有意识地把自己的学习时间和锻炼时间，安排到与孩子同步，如此一来，学习时就可以和孩子一起学习，锻炼时可以和孩子一起锻炼，还可以顺便增进亲子之间的情感沟通。

（6）要合理安排学习时间。虽然我们不能掌控时间的长短，但我们可以试着合理安排利用时间。比如，心情欠佳时可以看一些轻松、愉快的知识读物；心情愉快、注意力集中、时间较充足时，可以安排解决一些较难的问题；零星的、注意力不易集中的时间，可以安排做家务；等等。

（7）计划安排要有轻重之分。安排学习计划不能只是简单地罗列内容，要针对自己的情况有侧重地去安排。对于一些必须掌握的知识要花时间重点学习，对一些辅助性的材料则可以花较少的时间和精力。只要学会抓住重点、兼顾一般，就能取得更好的效果。

（8）计划要灵活多变。父母们在具体执行计划的过程中，总会遇到一些突发的、偶然的情况导致某个目标不能如期完成。一旦碰到这样的情况我们要学会及时调整，对计划中的某一项做一些必要的提前、移后、增加、删减，来增强计划的可行性，确保计划的有效实施。

虽然计划的制订有灵活性，但是为了养成良好的学习习惯，原则上还是不要经常调整或改变计划。另外，也不要把计划设置得太紧、太死、太满，要留出便于掌控的时间。毕竟现实不会顺从地跟着计划走，给计划留有一定的余地，可以增加完成计划的可能性。

4. 分享学习经验是最好的亲子沟通方式

世界上没有天生的教育高手。孩子是第一次做父母的孩子，父母也是第一次做孩子的父母，父母教育孩子的过程，实际上也是一个不断学习、摸索的过程。任何一个父母都没有与生俱来的教育技能，需要和孩子一起学习、一起成长。

"我为了孩子的学习真是操碎了心，可孩子总是不理解我。我每次督促孩子学习，总是会被孩子讨厌，真是太扎心了，我怎么这么难？"

"我完全不能跟孩子沟通学习上的事，一说就'炸'，不是我发脾气，就是孩子哇哇大哭，不知道为什么，我始终都不能心平气和地和孩子谈一谈学习。"

……

在现实生活当中，"学习"二字往往是亲子关系的杀手。那么，怎样才能改变这种情况呢？实际上，分享学习经验是最好的亲子沟通方式。

父母在和孩子一起学习的过程中，一定也会产生关于学习的相关感受，放下父母权威的架子，站在平等的角度，就像孩子的同学一样，和孩子一起分享这些学习时的感受、经验、方法，不仅可以打开孩子关于学习的话匣子，真实了解孩子对学习的想法，还可以与孩子建立良好的亲子关

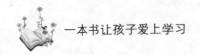

系,启发孩子的学习思路等。

实际上,学习是一件非常需要氛围的事情,相信父母当初上学的时候也会有同样的体会,当坐在学校教室里和同学们一起学习的时候,往往学习效率比较高,当自己一个人在家写作业的时候,往往效率低,出错率也更高。

要想让孩子有一个好成绩,父母就要善于在家庭中营造良好的学习氛围。父母可以与孩子一起学习,一起分享学习中的酸甜苦辣,充当孩子的学习同伴角色,就可以为孩子创造一个更适合学习的氛围。

那么,具体来说,父母应该怎么办呢?

(1)一定要和孩子站在平等的角度上交流。平等,是一切高效沟通的基础。父母在和孩子分享学习感受和经验时,一定要做到平等,切不可表面上假装平等,但一看到孩子犯了一个不应该犯的错,就瞬间变脸,把孩子劈头盖脸一顿训。只有和孩子站在平等的角度上,像同学之间那样交流,孩子才愿意说出自己对学习的真实感受、看法等。特别是在孩子升入初中阶段以后。

(2)分享学习经验的时机要恰当。当孩子正专心致志于一件事时,不管是在好好学习还是在开心玩游戏,父母最好不要用分享学习经验的借口打断孩子。和孩子分享学习感受、经验要找准合适的时机,一般在大家都完成学习任务之后,交流时机才最佳,也可以在讲解试卷、试题等的时候进行。父母要善于抓住时机,鼓励孩子分享自己的学习经验,说出自己的学习方法等。

(3)父母务必要做好充分准备。一个不做任何准备工作的父母,在和孩子谈论学习感受和经验时，必然也是苍白无力的，很容易陷入"无话可说""没经验可分享"的尴尬境地。要想给孩子更多启发，父母一定要在和孩子分享学习经验之前做好充分准备，做足功课。只有真正经历过学习，认真研究过学习内容的父母，才能真正给出能够帮助孩子提升学习力的学习意见和建议。

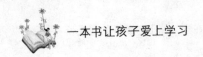
5. 学无止境，与孩子同学习共成长

正如教育家苏霍姆林斯基所说："每瞬间，你看到孩子，也就看到了自己，你教育孩子，也就是教育自己，并检验自己的人格。"父母在教育孩子的过程中，也应该经常审视自己的教育方式和教育行为，不断总结经验、查找不足，寻求改善之法。

但在现实生活当中，不少父母都是说一套、做一套，完全是一个"两面人"。他们一边要求孩子必须努力学习，不断进步，不能偷懒；另一边自己却总是安于现状、不思进取，每天下班之后玩游戏、刷手机。很显然，这样的父母是很难培养出优秀的孩子的。要知道最好的教育是言传身教，学习是没有止境的，作为父母，我们应该主动和孩子同学习共成长。

丛丛是一个颇有音乐天赋的小姑娘，从五岁开始就学习古筝。起初丛丛对古筝很感兴趣，可由于枯燥的曲谱、一遍又一遍的无趣练习，有一段时间，使得丛丛对古筝产生了非常严重的排斥心理，说什么都不愿意再学了。

对此，丛丛妈并没有批评孩子，而是开始自学古筝，每天在孩子面前背曲谱，向孩子请教如何调弦，怎样弹古筝，请孩子听自己弹的曲目中有没有出现错误，等等。丛丛妈自学古筝并不是装装样子，而是真的非常认真地学，她的一言一行都被孩子看在眼里，在妈妈潜移默化的影响下，丛丛又主动重新坐回古筝前继续学习。此后，母女二人经常会一起弹琴，一起背谱，一起交流学习心得。

在丛丛妈看来，陪伴孩子的最高境界是当孩子想放弃的时候，做父母的不能放弃。身为父母，我们要和孩子同学习共成长，做孩子学习的好榜样。当孩子看到了父母身上的学习精神，必然也会受到感染，愿意主动学习、积极进步。

如果把父母比作一种职业，那么一旦从事这种职业就终身不能辞职，还要 24 小时在岗，从开口启蒙到语数外理化史地政生，样样都要通晓，德智体美劳全面发展，要想做合格的父母，就要从自己做起，不断学习，和孩子一起成长。

父母对孩子的义务，不仅仅是养育，更重要的是教育。言传身教远远要比喋喋不休的督促、唠叨更有效果，所以父母要想让孩子有一个好成绩，父母自己也要不断学习，不断进步。

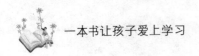

6. 亲子互动：和孩子一起阅读

读书可以让人获取知识，正所谓"君子学以聚之"。读书可以提高孩子的理解能力和写作能力，正所谓"读书破万卷，下笔如有神"。读书还可以养性，陶冶孩子的性情，使孩子温文尔雅，具有书卷气。培养一个爱读书的孩子是很多父母长期以来要追求的目标。所以，请和孩子一起阅读吧！

试想，或是午后天气晴朗时，或是屋外淅淅沥沥下着小雨时，或是傍晚夕阳正好时，和孩子坐在书桌或小茶几旁，一起阅读各自喜欢的书籍，一起交流读书时的想法和感悟，这是一件多么享受的事情呀！

和孩子一起阅读是一项非常有意义的亲子互动活动，一来可以帮助孩子养成喜欢阅读的好习惯，提高孩子的理解能力、拓宽视野等，有助于孩子的学习和成长；二来可以增进亲子之间的精神交流，有助于建立融洽的亲子关系。

那么，具体来说，父母应该做些什么呢？

（1）选书。阅读的第一步是选书。随着人们经济收入的不断提高，现在绝大多数父母在给孩子买书这件事情上都非常大方。书是人类的精神食粮，就像我们今天非常重视自己每天的饮食一样，我们也应该关注精神食粮是否营养、健康。因此作为父母，要非常重视对孩子所读书籍的选择。

尤其是对于那些低年龄的孩子，父母更是要做好选书的工作。一方面，父母要保证提供给孩子的书是有价值、有营养的，没有负面的、消极的或者不适宜孩子阅读的内容；另一方面，父母也要知道孩子最近在看什么书，喜欢看什么书，从而有针对性地解答孩子的问题，给孩子提出一些建设性意见等。

每一本经典名著都是一座富矿。北宋大文豪苏东坡曾说："少年为学者，每一书皆作数次读之。书之富如大海，百货皆有，人之精力不能尽取，但得其所欲求尔。"因为经典名著都是经过无数人的验证而留下的精神财富，因此孩子所要阅读的书，可以先从经典名著中来选择。不过，不是所有的经典名著都适合孩子读，因此父母在为孩子选择书籍的时候，要精心挑选适合自己孩子阅读的读物。

（2）阅读。在现实生活当中，绝大多数父母都是给孩子买完书，就算完成了任务。实际上，阅读和选书一样重要。有了合适的书之后，作为父母还要关心孩子如何阅读的问题。同样是一本书，囫囵吞枣的阅读是一回事，细嚼慢咽地阅读又是另外一回事，不同的阅读方式，效果会有非常大的差异。对于年龄小的孩子，由于孩子还不会认字，父母应该和孩子一起阅读，和孩子一起慢慢享受读书带来的各种幸福，如故事中的智慧、温暖和力量等。孩子正是在这样的过程中慢慢形成读书的兴趣和对世界的认识。对于年龄较大的孩子，孩子们自己已经学会了阅读，可以通过阅读来学习、认识世界、丰富自己，这时，父母在面对孩子时，虽然不需要像以前那样和孩子一起读书，但依然需要关注孩子的读书情况。父母可以和孩子一起交流读书的体会，和孩子一起对书中的故事情节、人物角色、作者等方面进行讨论等。在与父母的互动中阅读，孩子会有更多的收获。

（3）讨论。培养孩子良好的阅读习惯和方法，离不开父母的指导和帮助。而与孩子共同讨论读书的内容是一种非常重要的指导和帮助。讨论是父母与孩子一起围绕所阅读的图书提出一定的问题，并进行相关的探讨，以帮助孩子更好地理解阅读图书的方法。和孩子一起讨论读书的内容，可以让孩子感受到父母对自己阅读的重视，从而使读书更有劲头；可以启发孩子，使他对于内容的理解更深一个层次，更容易获得成就感，也更有收获；还可以更深入地了解孩子，知道孩子的思维能力发展状况，知道孩子的性情、爱好等各个方面。讨论可以在阅读中进行，也可以在阅读后进行。

阅读对于孩子成长的意义是立体而全面的，不仅对于孩子的知识面、情感等方面具有明显的促进意义，而且对于孩子的理解、推理能力等方面也具有非常明显的提高效果。因此，父母一定要重视孩子阅读能力的培养，多和孩子一起读书。

后记：
请别给孩子贴上"笨"标签

妈妈说："××家的孩子可真聪明，这次考试又是第一名。"

爸爸说："可不嘛，人家的妈妈是老师，能像咱们家孩子那样笨吗？"

类似这样的话说多了，父母就会给孩子贴上"笨"标签。因为孩子没有足够的判断力，分不清父母说的话是何用意，但是他们会选择相信自己的父母。被贴上"笨"标签后，孩子原来聪明伶俐的才智也会在无形中被抹杀。于是，孩子就会真的以为自己是一个笨小孩，不如××家的孩子。

生活中，有不少孩子就是这样被父母稀里糊涂地贴上了"笨"标签。这些孩子原本智商不低，就是因为父母的原因，竟然本能地认为自己很笨，最后毁掉了自己的前程。

美国心理学家曾经做过这样一个实验：

他们来到一所学校里，在1~6年级里各选了一个班的孩子，进行了"预测未来发展的测验，"然后，"挑选"出了一些孩子，对老师说道："这些孩子将会有辉煌的未来。"几个月之后，他们再次来到这所学校时发现：之前被"挑选"出的那些孩子的成绩果然有了很大提高。但事实上，这些孩子只是随机挑选出来的。这就是心理学上著名的"罗森塔尔效应"。

这个效应告诉我们：如果对孩子传递积极的暗示，就会促进孩子取得更大的进步。因此，父母们一定要多给孩子一些积极的暗示。被积极肯定的孩子们就会如父母所愿，尽自己最大的努力好好学习。

积极的暗示，有助于孩子取得进步。父母一定要帮助孩子建立正确的自我形象，多看到孩子的优点，多给予孩子鼓励和正向的引导，不要随随便便就否定自己的孩子，从而给孩子贴上"笨"标签。这会直接影响孩子的自我判断，给孩子造成不可逆转的伤害，尤其是在学习上。

鼓励的力量是巨大的，会让孩子有被肯定、被重视的感觉。一个孩子如果一直生活在父母的鼓励下，那么，孩子的学习成绩一定非常好。因为孩子非常享受这个学习的过程。所以，父母要多鼓励孩子，只有这样才能激发孩子的学习兴趣，让孩子爱上学习。

父母不要给孩子提出过高的要求，否则会打击孩子学习的积极性。父母对孩子的期待值要恰到好处，不能过高也不能过低。如果父母的期待值过高，孩子无论怎么努力都无法达到，这样会严重打击孩子学习的积极性。事实上，合理的目标本身就带有一定的鼓励色彩。因此，父母们不要让制订的目标失去对孩子鼓励的作用。

每一个孩子的潜力都是不可估量的，一旦给孩子贴上了"笨"标签，孩子的潜能就会被封印起来。所以，父母请别给孩子乱贴标签，要知道，没有精神枷锁的孩子，才能学得更好、飞得更高、走得更远！

附录1：孩子行为量表

注：本量表由父母使用，适用于 4~16 岁孩子。各项目后画横线处请用文字填写，有空白的小括号处，请在相应的括号内打"√"。

一、一般项目

儿童姓名：_____

性别：男□　女□

年龄：_____　出生日期：_____年_____月_____日

年级：_____　民族：_____

父母职业（请填具体职业，比如，车工、鞋店售货员、主妇等）

父亲职业：_____

母亲职业：_____

填表者：父（　　）母（　　）其他人（　　）

填表日期：_____年_____月_____日

二、社会能力

I.（1）请列出你孩子最爱好的体育运动项目（比如，游泳、棒球等）：

无爱好（　　）

爱好：a._____

　　　b._____

　　　c._____

（2）与同龄孩子相比，他（她）在这些项目上花去的时间是多少？

不知道（　　）较少（　　）一般（　　）较多（　　）

（3）与同龄孩子相比。他（她）的运动水平如何？

不知道（　　）较低（　　）一般（　　）较高（　　）

Ⅱ.（1）请列出你孩子除体育运动以外的爱好（比如，集邮、看书、弹琴等，不包括看电视）：

无爱好（　　）

爱好：a.＿＿＿＿＿＿＿＿＿

　　　b.＿＿＿＿＿＿＿＿＿

　　　c.＿＿＿＿＿＿＿＿＿

（2）与同龄孩子相比，他（她）花在这些爱好上的时间是多少？

不知道（　　）较少（　　）一般（　　）较多（　　）

（3）与同龄孩子相比，他（她）的爱好水平如何？

不知道（　　）较低（　　）一般（　　）较多（　　）

Ⅲ.（1）请列出你孩子参加的组织、俱乐部、团队或小组的名称：

未参加（　　）

参加：a.＿＿＿＿＿＿＿＿＿

　　　b.＿＿＿＿＿＿＿＿＿

　　　c.＿＿＿＿＿＿＿＿＿

（2）与同龄孩子相比，他（她）在这些组织中的活跃程度如何？

不知道（　　）较差（　　）一般（　　）较高（　　）

Ⅳ.（1）请列出你孩子有无干活或打零工的情况（比如，送报、帮人照顾小孩、帮人搞卫生等）：

没有（　　）

有：a.＿＿＿＿＿＿＿＿＿

　　b.＿＿＿＿＿＿＿＿＿

　　c.＿＿＿＿＿＿＿＿＿

（2）与同龄孩子相比，他（她）的工作质量如何？

不知道（　　）较差（　　）一般（　　）较好（　　）

V.（1）你孩子有几个要好的朋友？

　无（　　）1 个（　　）2~3 个（　　）4 个及以上（　　）

（2）你的孩子与这些朋友每星期大概在一起几次？

不到一次（　　）1~2 次（　　）3 次及以上（　　）

VI. 与同龄孩子相比，你孩子在下列方面表现如何？

	较差	差不多	较好
a. 与兄弟姐妹相处	（　　）	（　　）	（　　）
b. 与其他孩子相处	（　　）	（　　）	（　　）
c. 对父母的行为	（　　）	（　　）	（　　）
d. 自己工作和游戏	（　　）	（　　）	（　　）

VII.（1）当前学习成绩（对六岁以上孩子而言）：

未上学（　　）　　　　已上学（　　）

	不及格	中等以下	中等	中等以上
a. 阅读课	（　　）	（　　）	（　　）	（　　）
b. 写作课	（　　）	（　　）	（　　）	（　　）
c. 算术课	（　　）	（　　）	（　　）	（　　）
d. 拼音课	（　　）	（　　）	（　　）	（　　）

其他课（如历史、地理、外语）

e _____	（　　）	（　　）	（　　）	（　　）
f _____	（　　）	（　　）	（　　）	（　　）
g _____	（　　）	（　　）	（　　）	（　　）

（2）你的孩子是否在特殊班级上课？

不是（　　　　）

是　（　　　　）　　班级性质：_____

（3）你孩子是否留过级？

没有（　　）　　留过（　　　　）几年级留级：_____

留级理由：_____

（4）你孩子在学校里有无学习或其他问题（不包括上面三个问题）

没有问题（　　　）　　有问题（　　　）　　问题内容：_____

问题是何时开始的：_____

问题是否已解决？

未解决（　　）　　　　已解决（　　　）

何时解决：_____

三、行为问题

Ⅷ. 以下是描述你孩子的项目。只根据最近半年内的情况回答。每一项目后面都有三个数字（0，1，2）若你孩子明显有或经常有此项表现，圈"2"；若偶尔有此项表现，圈"1"；如无此项表现，圈"0"。

1. 行为幼稚，与其年龄不符　　　　　　　　　　　0　　1　　2

2. 过敏性症状（填具体表现）　　　　　　　　　　0　　1　　2

3. 喜欢争论　　　　　　　　　　　　　　　　　　0　　1　　2

4. 哮喘病　　　　　　　　　　　　　　　　　　　0　　1　　2

5. 举止形象异性　　　　　　　　　　　　　　　　0　　1　　2

6. 随地大便　　　　　　　　　　　　　　　　　　0　　1　　2

7. 喜欢吹牛或自夸　　　　　　　　　　　　　　　0　　1　　2

8. 精神不能集中，注意力不能持久　　　　　　　　0　　1　　2

9. 老是想某些事情，不能摆脱，强迫观念（说明内容）　0　　1　　2

10. 坐立不安活动过多   0   1   2

11. 喜欢缠着大人或过分依赖   0   1   2

12. 常说感到寂寞   0   1   2

13. 糊里糊涂，如在云里雾中   0   1   2

14. 常常哭叫   0   1   2

15. 虐待动物   0   1   2

16. 虐待、欺侮别人或吝啬   0   1   2

17. 好做白日梦或呆想   0   1   2

18. 故意伤害自己或企图自杀   0   1   2

19. 需要别人经常关注自己   0   1   2

20. 破坏自己的东西   0   1   2

21. 破坏家里或其他孩子的东西   0   1   2

22. 在家不听话   0   1   2

23. 在校不听话   0   1   2

24. 不肯好好吃饭   0   1   2

25. 不与其他孩子相处   0   1   2

26. 有不良行为后并不感到内疚   0   1   2

27. 易嫉妒   0   1   2

28. 吃喝不能作为食物的东西（说明内容）   0   1   2

29. 除怕上学外，还害怕某些动物、某种处境或某个地方（说明内容）

     0   1   2

30. 怕上学   0   1   2

31. 怕自己有坏念头或做坏事   0   1   2

32. 觉得自己必须十全十美   0   1   2

33. 抱怨或认为没有人喜欢自己　　　　　　　　　0　1　2

34. 觉得别人存心捉弄自己　　　　　　　　　　　0　1　2

35. 觉得自己无用或有自卑感　　　　　　　　　　0　1　2

36. 身体经常弄伤，容易出事故　　　　　　　　　0　1　2

37. 经常打架　　　　　　　　　　　　　　　　　0　1　2

38. 常被人戏弄　　　　　　　　　　　　　　　　0　1　2

39. 爱和惹麻烦的孩子在一起　　　　　　　　　　0　1　2

40. 觉得听到了某些实际上没有的声音（说明内容）0　1　2

41. 冲动或行为粗鲁　　　　　　　　　　　　　　0　1　2

42. 喜欢孤独　　　　　　　　　　　　　　　　　0　1　2

43. 喜欢撒谎或欺骗别人　　　　　　　　　　　　0　1　2

44. 喜欢咬指甲　　　　　　　　　　　　　　　　0　1　2

45. 神经过敏，容易激动或紧张　　　　　　　　　0　1　2

46. 动作紧张或带有抽动性（说明内容）　　　　　0　1　2

47. 做噩梦　　　　　　　　　　　　　　　　　　0　1　2

48. 不被其他孩子喜欢　　　　　　　　　　　　　0　1　2

49. 便秘　　　　　　　　　　　　　　　　　　　0　1　2

50. 过度恐惧　　　　　　　　　　　　　　　　　0　1　2

51. 感到头昏　　　　　　　　　　　　　　　　　0　1　2

52. 过分内疚　　　　　　　　　　　　　　　　　0　1　2

53. 吃得过多　　　　　　　　　　　　　　　　　0　1　2

54. 过分疲劳　　　　　　　　　　　　　　　　　0　1　2

55. 身体过重　　　　　　　　　　　　　　　　　0　1　2

56. 找不出原因的躯体症状：

a. 疼痛   0   1   2

b. 头痛   0   1   2

c. 恶心想吐   0   1   2

d. 眼睛有问题（说明内容，不包括近视）   0   1   2

e. 发疹子或其他皮肤病   0   1   2

f. 腹部疼痛或绞痛   0   1   2

g. 呕吐   0   1   2

h. 其他（说明内容）   0   1   2

57. 对别人身体进行攻击   0   1   2

58. 挖鼻孔、挠皮肤或身体其他部分（说明内容）   0   1   2

59. 公开玩弄自己的生殖器   0   1   2

60. 过多地抚弄自己的生殖器   0   1   2

61. 功课差   0   1   2

62. 动作不灵活   0   1   2

63. 喜欢和年龄较大的孩子在一起   0   1   2

64. 喜欢和年龄较小的孩子在一起   0   1   2

65. 不肯说话   0   1   2

66. 不断重复某些动作、行为（说明内容）   0   1   2

67. 离家出走   0   1   2

68. 经常尖叫   0   1   2

69. 守口如瓶，有事不说出来   0   1   2

70. 感觉看到了某些实际上没有的东西（说明内容）   0   1   2

71. 感到不自在或容易受窘   0   1   2

72. 玩火（包括玩火柴或打火机等）   0   1   2

73. 性方面的问题（说明内容）　　　　　　　　0　1　2

74. 夸耀自己或胡闹　　　　　　　　　　　　0　1　2

75. 害羞或胆小　　　　　　　　　　　　　　0　1　2

76. 比大多数孩子睡得少　　　　　　　　　　0　1　2

77. 比大多数孩子睡得多（说明多少，不包括赖床）　0　1　2

78. 玩弄粪便　　　　　　　　　　　　　　　0　1　2

79. 言语问题（说明内容，比如，口齿不清）　　0　1　2

80. 茫然凝视　　　　　　　　　　　　　　　0　1　2

81. 在家偷东西　　　　　　　　　　　　　　0　1　2

82. 在外偷东西　　　　　　　　　　　　　　0　1　2

83. 收藏自己不需要的东西（说明内容，不包括集邮等正当的爱好）

　　　　　　　　　　　　　　　　　　　　0　1　2

84. 怪异行为（说明内容，不包括其他条目已提及者）　0　1　2

85. 怪异想法（说明内容，不包括其他条目已提及者）　0　1　2

86. 固执、常绷着脸或容易被激怒　　　　　　0　1　2

87. 情绪突然变化　　　　　　　　　　　　　0　1　2

88. 常常生气　　　　　　　　　　　　　　　0　1　2

89. 多疑　　　　　　　　　　　　　　　　　0　1　2

90. 常咒骂或讲粗话　　　　　　　　　　　　0　1　2

91. 声明要自杀　　　　　　　　　　　　　　0　1　2

92. 说梦话或有梦游症（说明内容）　　　　　0　1　2

93. 话太多　　　　　　　　　　　　　　　　0　1　2

94. 常戏弄他人　　　　　　　　　　　　　　0　1　2

95. 乱发脾气或脾气暴躁　　　　　　　　　　0　1　2

96. 对性的问题想得太多   0   1   2

97. 威胁他人   0   1   2

98. 吮吸大拇指   0   1   2

99. 过分要求整齐清洁   0   1   2

100. 睡眠不好（说明内容）   0   1   2

101. 逃学   0   1   2

102. 不够活跃，动作迟钝或精力不足   0   1   2

103. 闷闷不乐，悲伤或抑郁   0   1   2

104. 说话声音特别大   0   1   2

105. 喝酒或使用成瘾药（说明内容）   0   1   2

106. 损坏公物   0   1   2

107. 白天遗尿   0   1   2

108. 夜间遗尿   0   1   2

109. 爱哭诉   0   1   2

110. 希望成为异性   0   1   2

111. 孤独、不合群   0   1   2

112. 忧虑重重   0   1   2

113. 请写出你孩子存在的但上面未提及的其他问题：

_____   0   1   2

_____   0   1   2

_____   0   1   2

四、结果分析

第一部分的项目不记分。由于父母的职业最能代表家庭的社会经济情况，因此"一般项目"中只着重此条。

第二部分即"社会能力"的项目除个别条目外，均需记分，记分方法如下：

Ⅰ（1）无爱好或一种爱好记0分；两种爱好记1分；三种或以上记2分。

Ⅰ（2）、Ⅰ（3）："不知道"不记分，"较少"记0分，"一般"记1分，"较多"记2分。（2）和（3）的分数加起来求出平均数，作为这一项的分数。

Ⅱ（1）：记分法同Ⅰ（1）

Ⅱ（2）、Ⅱ（3）：记分法同Ⅰ（2）、Ⅰ（3）

Ⅲ（1）：记分法同Ⅰ（1）

Ⅲ（2）：记分法同Ⅰ（2）

Ⅳ（1）：记分法同Ⅰ（1）

Ⅳ（2）：记分法同Ⅰ（2）

Ⅴ（1）："无"或"1个"记0分，"2~3个"记1分，"4个及以上"记2分。

Ⅴ（2）："不到1次"记0分，"1~2次"记1分。"3次及以上"记2分。

Ⅵ"较差"记0分，"差不多"记1分，"较好"记2分。把a、b、c的三个分数加起来求出平均分，作为一个分数；d的记分法同上，另作一个分数（即Ⅵ项有两个分数）。

Ⅶ（1）："不及格"记0分，"中等以下"记1分，"中等"记2分，

"中等以上"记 3 分。把各项分数加起来求出平均数，作为Ⅶ（1）中"已上学"项的分数。

Ⅶ（2）："不是"记 1 分，"是"记 0 分。

Ⅶ（3）："没有"记 1 分，"留过"记 0 分

Ⅶ（4）："没有问题"记 1 分，"有问题"记 0 分。

其他问题不记分。

第二部分的内容被归纳为三个因子，即活动情况（包括第 Ⅰ、Ⅱ、Ⅳ条）、社交情况（第 Ⅲ、Ⅴ、Ⅵ条）及学校情况（第Ⅶ条）。如果将这三个因子从左到右排列在横轴上，把各因子的总分从少（0）到多，按百分位数或 T 分大小从下向上排列在纵轴上，就可以构成"孩子社会能力廓图"。

社会能力的分数越高越好，但绝大多数的分数都处于 2~69 百分位（即 T 分 30~55）。低于 2 百分位者（即 T 分＜ 30）被认为可能异常。

4~16 岁的孩子被分为三个年龄组进行分析，即 4~5 岁、6~11 岁及 12~16 岁，是 6~16 岁孩子社会能力分数的正常范围列表，如附表 1-1~4 所示。

附表1-1　6~11岁男孩社交能力因子分正常范围

69百分位平均分	8.5~9	7.5~8	5.0~5.5
2百分位平均分	3~3.5	3~3.5	2~3.5
因子名称	活动情况	社交情况	学校情况
包括项目	Ⅰ Ⅱ Ⅳ	Ⅲ Ⅴ Ⅵ	Ⅶ

附表1-2　12~16岁男孩社交能力因子分正常范围

69百分位平均分	8.5~9	8.5	5.0~5.5
2百分位平均分	3~3.5	3.5~4	2~2.5
因子名称	活动情况	社交情况	学校情况
包括项目	Ⅰ Ⅱ Ⅳ	Ⅲ Ⅴ Ⅵ	Ⅶ

附表1-3　6~11岁男孩社交能力因子分正常范围

69百分位平均分	8.5~9	7.5~8	5.5~6
2百分位平均分	2.5~3	3.5	3~3.5
因子名称	活动情况	社交情况	学校情况
包括项目	Ⅰ Ⅱ Ⅳ	Ⅲ Ⅴ Ⅵ	Ⅶ

附表1-4　12~16岁女孩社交能力因子分正常范围

69百分位平均分	8.5~9	8~8.5	5.5~6
2百分位平均分	3	3	3
因子名称	活动情况	社交情况	学校情况
包括项目	Ⅰ Ⅱ Ⅳ	Ⅲ Ⅴ Ⅵ	Ⅶ

第三部分是这一量表的重点部分，以下对这一部分做较详细的介绍。

（1）条目排列说明：该部分共有113条行为问题，是任意排列的，即按某一行为的英文第一个字母的次序排列（第1条是a，第113条是w），不是按内容性质归类排列。

（2）统计归纳：每一条行为问题都有一个分数（0、1、2分）称为粗分，把113条的粗分加起来，称为总粗分。分数越高，行为问题越大，分数越低，则行为问题越小。根据大样本的统计分析，可以算出一个正常上限，比如，4~5岁、6~11岁、12~16岁男孩的总粗分上限分别为42、40和38，同龄女孩的上限分别为42~45、37~41和37。超过这个上限分数，就应做进一步检查。

根据统计处理，还可以把以上113条行为问题归纳为8~9个因子，每个因子包含若干条目，所包含条目的因子负荷后等于或大于0.3，有时同一条目可以出现在不同的因子之中。

把每一个因子包括的条目的粗分加起来，就是这个因子的分数，为了统计方便，这个分数又可以折算成标准转换分 (即 T 分)。因子分的正常范围在 69~98 百分位，即 T 分在 55~70 分。分数超过 98 百分位时即为可能异常，应予复查，分数低于 69 百分位时仍属正常。现将因子分正常值范围（69 百分位平均分 ~98 百分位平均分）列表如下，即附表 1-5~8 所示。

附表1-5　6~11岁男孩行为问题因子分正常范围

98百分位平均分	4~5	12~13	5~6	9	4	6	10~11	20	5~6
69百分位平均分	1~2	3	2~3	3	0~1	1~2	3~4	9	0~1
因子名称	分裂样	抑郁	交往不良	强迫性	体诉	社交退缩	多动	攻击性	违纪
包括条目	11 29 30 40 47 50 59 70 75	12 14 18 31 32 33 34 35 45 50 52 71 88 89 91 103 112	13 65 69 71 75 80 86 103	9 13 17 46 47 50 54 66 76 80 83 84 85 92 93 100	49 51 54 56 56 56 56 56 56 77	25 34 38 42 48 64 102 111	1 8 10 13 17 20 41 61 62 64 79	3 7 16 19 22 23 25 27 37 43 48 57 68 86 87 88 89 90 93 94 95 97 104	21 22 23 39 43 67 72 81 82 90 101 106

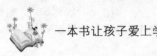

续表

98百分位平均分	4~5	12~13	5~6	9	4	6	10~11	20	5~6
98百分位平均分	7	5	13	4~5	6	9	7~8	21~22	9~10
69百分位平均分	1~2	0~1	3	0~1	1~2	3~4	9	0~1	
因子名称	体诉	分裂样	交往不良	不成熟	强迫性	敌意性	违纪	攻击性	多动
包括条目	36 46 50 51 54 56 a g 80 102 112	5 11 30 31 32 40 51 52 99 112	13 42 65 69 71 75 80 86 87 88 89 102 103	1 11 14 19 64 108 109	7 9 17 31 66 83 84 85 104	1 12 20 21 25 33 34 35 37 38 48 62 64 11	20 21 23 39 43 61 67 72 81 82 101 105 106	3 10 16 19 22 27 34 37 41 45 57 68 86 87 88 89 90 93 94 95 97 104	1 8 10 23 41 44 45 61 62 74

附表1-6　6~11岁女孩行为问题因子分正常范围

98百分位平均分	7	5	13	4~5	6	9	7~8	21~22	9~10
69百分位平均分	1~2	0~1	3	0~1	1~2	3~4	9	0~1	
因子名称	体诉	分裂样	交往不良	不成熟	强迫性	敌意性	违纪	攻击性	多动
包括条目	36 46 50 51 54 56 a g 80 102 2	5 11 30 31 32 40 51 52 99 112	13 42 65 69 71 75 80 86 87 88 89 102 103	1 11 14 19 64 108 109	7 9 17 31 66 83 84 85 104	1 12 20 21 25 33 34 35 37 38 48 62 64 11	20 21 23 39 43 61 67 72 81 82 101 105 106	3 10 16 19 22 27 34 37 41 45 57 68 86 87 88 89 90 93 94 95 97 104	1 8 10 23 41 44 45 61 62 74

附表1-7　12~16岁男孩行为问题因子分正常范围

98百分位平均分	14	3~4	3~4	10~11	8~9	12	22	4
69百分位平均分	3~4	0	0~1	3~4	2~3	2	6	0
因子名称	焦虑强迫	体诉	分裂样	抑郁退缩	不成熟	违纪	攻击性	残忍
包括条目	9 12 14 27 29 30 31 32 33 34 35 45 47 50 52 71 76 100 112	30 51 56 56 56 5656 56	17 29 40 47 70 80 84 85 96	42 54 65 69 71 75 77 80 86 88 102 103 111	1 8 10 11 13 17 25 38 48 8 62 64 80 83 98	8 22 23 26 39 41 43 61 63 67 69 81 82 90 101 105	3 10 16 19 22 27 34 37 41 45 57 68 86 87 88 89 90 93 94 95 97 104	15 16 20 21 25 34 37 57 81 97 106

附表1-8　12~16岁男孩行为问题因子分正常范围

98百分位平均分	7	5	13	4~5	6	9	7~8	21~22	9~10
69百分位平均分	1~2	0~1	3	0~1	1~2	3~4	9	0~1	
因子名称	体诉	分裂样	交往不良	不成熟	强迫性	敌意性	违纪	攻击性	多动
包括条目	36 49 50 51 54 56 a g 80 102 112	5 11 30 31 32 40 51 52 99 112	13 42 65 69 71 75 80 86 87 88 89 102 103 111 112	1 11 14 19 64 108 109	7 9 17 31 66 83 84 85 104	1 12 20 21 25 33 34 35 37 38 48 62 64 11	20 21 23 39 43 61 67 72 81 82 101 105 106	3 10 16 19 22 27 34 37 41 45 57 68 86 87 88 89 90 93 94 95 97 104	1 8 10 23 41 44 45 61 62 74

附录2：小学生心理健康状况测试题

姓名：_____性别：男□ 女□ 年级：___班 日期：___年___月___日

测试说明：以下 40 道题，请在相应的方框内（□）打勾，每题只能选择一个方框（□）打勾。

1. 平时不知为什么总觉得心慌意乱，坐立不安。

常常是 □　　偶尔 □　　完全没有 □

2. 上床后，怎么也睡不着，即使睡着也容易惊醒。

常常是 □　　偶尔 □　　完全没有 □

3. 经常做噩梦，惊恐不安，早晨醒来就感到倦怠无力、焦虑烦躁。

常常是 □　　偶尔 □　　完全没有 □

4. 经常早醒 1~2 小时，醒后很难再入睡。

常常是 □　　偶尔 □　　完全没有 □

5. 学习的压力常使自己感到非常烦躁，讨厌学习。

常常是 □　　偶尔 □　　完全没有 □

6. 读书看报甚至在课堂上也不能专心致志，往往自己也搞不清在想什么。

常常是 □　　偶尔 □　　完全没有 □

7. 遇到不称心的事情便保持长时间的沉默少言。

常常是 □　　偶尔 □　　完全没有 □

8. 感到很多事情不称心，无端发火。

常常是 □　　偶尔 □　　完全没有 □

9. 哪怕是一件小事情，也总是很放不开，整日思索。

常常是 □　　偶尔 □　　完全没有 □

10. 感到现实生活中没有什么事情能引起自己的兴趣，郁郁寡欢。

常常是 □　　偶尔 □　　完全没有 □

11. 老师讲概念，常常听不懂，有时懂得快忘得也快。

常常是 □　　偶尔 □　　完全没有 □

12. 遇到问题常常举棋不定，迟疑再三。

常常是 □　　偶尔 □　　完全没有 □

13. 经常与人争吵发火，过后又后悔不已。

常常是 □　　偶尔 □　　完全没有 □

14. 经常追悔自己做过的事，有负疚感。

常常是 □　　偶尔 □　　完全没有 □

15. 一到考试时，即使有准备也紧张焦虑。

常常是 □　　偶尔 □　　完全没有 □

16. 一遇到挫折，便心灰意冷、丧失信心。

常常是 □　　偶尔 □　　完全没有 □

17. 非常害怕失败，行动前总是提心吊胆、畏首畏尾。

常常是 □　　偶尔 □　　完全没有 □

18. 感情脆弱，稍不顺心，就暗自流泪。

常常是 □　　偶尔 □　　完全没有 □

19. 自己瞧不起自己，觉得别人在嘲笑自己。

常常是 □　　偶尔 □　　完全没有 □

20. 喜欢跟自己年幼或能力不如自己的人一起玩或比赛。

常常是 □　　偶尔 □　　完全没有 □

21. 感到没有人能理解自己，烦闷时别人很难使自己高兴。

常常是 □　　偶尔 □　　完全没有 □

22. 发现别人在窃窃私语，便怀疑是在背后议论自己。

常常是 □　　偶尔 □　　完全没有 □

23. 对别人取得的成绩和荣誉常常表示怀疑，甚至嫉妒。

常常是 □　　偶尔 □　　完全没有 □

24. 缺乏安全感，总觉得别人要加害自己。

常常是 □　　偶尔 □　　完全没有 □

25. 参加春游等集体活动时，总有孤独感。

常常是 □　　偶尔 □　　完全没有 □

26. 害怕见陌生人，人多时说话会脸红。

常常是 □　　偶尔 □　　完全没有 □

27. 在黑夜行走或独自在家时有恐惧感。

常常是 □　　偶尔 □　　完全没有 □

28. 一旦离开父母，心里就不踏实。

常常是 □　　偶尔 □　　完全没有 □

29. 经常怀疑自己接触的东西不干净，反复洗手或换衣服，对清洁极度注意。

常常是 □　　偶尔 □　　完全没有 □

30. 担心是否锁门或可能着火，反复检查，经常躺在床上又起来确认，或刚一出门又返回检查。

常常是 □　　偶尔 □　　完全没有 □

31. 站在经常有人自杀的场所、悬崖边、大厦楼顶、阳台上，有摇摇晃晃要跳下去的感觉。

常常是 □　　偶尔 □　　完全没有 □

32. 对他人的疾病非常敏感，经常打听，深怕自己也患相同的病。

常常是 □　　偶尔 □　　完全没有 □

33. 对特定的事物、交通工具（电车、公共汽车等）、尖状物及白色墙壁等稍微奇怪的东西有恐怖倾向。

常常是 □　　偶尔 □　　完全没有 □

34. 经常怀疑自己发育不良。

常常是 □　　偶尔 □　　完全没有 □

35. 一旦与异性交往就脸红心慌或想入非非。

常常是 □　　偶尔 □　　完全没有 □

36. 对某个异性伙伴的每一个细微行为都很在意。

常常是 □　　偶尔 □　　完全没有 □

37. 怀疑自己患了癌症等严重的不治之症，反复去看医书或去医院检查。

常常是 □　　偶尔 □　　完全没有 □

38. 经常无端头痛并依赖止痛药或镇静药。

常常是 □　　偶尔 □　　完全没有 □

39. 经常有离家出走或脱离集体的想法。

常常是 □　　偶尔 □　　完全没有 □

40. 感到内心痛苦无法解脱，只能自残或自杀。

常常是 □   偶尔 □   完全没有 □

小学生心理健康状况测试题计分方法

测评计分方法：

"常常是"得 2 分，"偶尔是"得 1 分，"完全没有"得 0 分。评价

参考：

1. 0~8 分，心理非常健康，请放心。

2. 9~16 分，大致还属于健康的范围，但应有所注意，也可以找心理老

师聊聊。

3. 17~30 分，你在心理方面已经有了一些障碍，应采取适当的方法进

行调适，或找心理保健老师帮助你。

4. 31~40 分，是黄牌警告，有可能患了某些心理疾病，应找心理保健

老师进行仔细检查。

5. 41 分以上，有较严重的心理障碍，应及时向心理保健老师咨询。